信任「放在」錯誤的對象

揭開詐騙集團真實手法

謝冠賢——著

書泉出版社 印行

推薦序一

明儒張載曾言：「爲天地立心，爲生民立命；爲往聖繼絕學，爲萬世開太平。」文中的「絕學」爲何？係指堯、舜、禹、湯、文、武、周、孔等人的德性、修養、學問，予以弘揚、延續，透過文字言說，或身體力行，用生命來感染他人。

頃閱謝冠賢博士大作《信任「放在」錯誤的對象》一書，對其文筆樸實，引經（《聖經》）據典，認識詐騙集團眞面目，作深入淺出的剖析，文中亦呈現人性的光明面，有繼承先賢「絕學」作風，深受肯定。余簡要指出該書特點如下：

其一，《信任「放在」錯誤的對象》書中焦點放在兩個主角，一個是退休的博士薛品川，從事太平洋房屋不動產工作，也就是詐騙集團眼中的肥羊；另一個就是詐騙集團虛擬的黃敏昌檢察官。前者是基督徒，常讀經、禱告、有信仰、很善良；後者善用謊言、騙術及利用假公文恐嚇，使前者品川上鉤受騙。

其二，書中引用多處《聖經》教導引例如下：

1. 眞實的見證人，救人性命；詭詐的見證人，口吐謊言——《箴言》
2. **你們要當心，免得有人用空虛騙人的話把你們擄去**——《歌羅西書》
3. 你將要受的苦不用怕，魔鬼要把你們下在監裡使你們受患難，你務必要至死忠心，我就賜你那生命的冠冕——《啓示錄》

其三，薛品川犯「查證不確實」的錯誤，即忽略使用「Q、V、V決策」；Q（Qualification）即是資訊品質，V（Validation）可信度，V（Verification）證據等三項查證決策，導致引狼入室，使詐騙集團得逞。**事後品川反思，其個資可能從某家銀行行員手中流出。**

其四，**家人關心與教會小組禱告，使品川心靈得安慰。「在善上聰明，在惡上愚拙」的薛品川，能得妻子體諒，教會小組代禱，有平安，有喜樂，縱令金錢有所損失，但在上帝及兄姊、妻子的愛護下，仍可歡渡餘生。**

其五，本書以兩人對話「品川、黃敏昌」內容居多，但情境變化甚多，如銀行、健走、兩岸、不動產、台灣社會底層等等……。且詐騙者使品川受「龍華吸金案」牽連時，品川還爲假檢察官黃敏昌健康代禱（感染COVID-19），足見品川爲人善良，亦見作者用心良苦來撰文，使全書能「柳暗花明又一村」情節不斷起伏，吸引讀者閱覽。

作者處於爾虞我詐、唯利是圖的世代中，仍能保持「在涅貴不緇，曖曖內含光」善良本質來撰寫本篇文章，既可落實「絕學道統」，又可做到主耶穌「愛人如己」教導，展現出基督徒信仰風範與銜接「中華文化道統」需求，發揮人性善良、正直、公義的亮光，使讀者與筆者讚嘆不已，故極樂書此推薦文，讓好文章與社會大眾共享。

蔡主恩 博士
安瀾橋基督長老教會前任牧師
曾任致理技術學院副教授

推薦序二

我與作者冠賢弟兄是在FB上認識，也每月於不同時段在「淡水恩友中心」服侍；作者年輕時曾聽過我的講道，這份情誼就這樣被上帝緊緊的聯繫上。**當我閱讀過這本著作，就好像在看一篇「患難見眞情」**的見證，值予推薦給世人知悉。

這本著作讓我感動的地方極多，我僅從品川受詐騙告訴阿桂之後，阿桂氣得怒罵品川這一情節，我從《聖經》的觀點來饗宴給大家：

當品川鼓起勇氣跟太太阿桂報告被騙實情，並請求原諒時，阿桂聽了馬上傻眼，同時開罵「你怎麼那麼笨！還說你是國安局出身的，笑死人了。」「眞是笨蛋！」從圓山捷運站開罵，一路罵到淡水，罵到家。一直迴繞在品川耳際的就是「你眞笨！」

品川擁有博士學位，在大學教過書，也在政府部門當過高階主管；我相信品川比誰都清楚問題出在哪裡。品川夫婦都是敬虔的基督徒，對《聖經》也相當熟識，**作者多次引用《箴言》內容呈現有關智慧的教導，讓讀者藉此故事省察自己**

生命的每一步路。

品川深思，他被騙，跟他個人執著主觀認知的「慣性思維」模式有關，相信凡事以善待人，上帝會阻止惡事發生。如此意念早已是品川爲人處世的價值觀。沒想到詐騙集團摸清品川的學經歷和思路，編寫劇本，設定品川爲主角，全程透過電話步步誘引品川，使他不自覺中落入圈套。

當詐騙集團冒充檢警人員來電，一再強調因疫情緣故限制外出，均以「線上辦案」爲由。而品川本著信任，未經查證就高度「配合」，先後將帳戶金額轉入假「金融監管帳號」，導致累存多年的款項瞬間人間蒸發。

若將品川受騙事件，與《聖經》中最知名的受苦人物「約伯」相提並論；約伯無法解釋爲何在一日之間，他的財產沒了，兒女沒了，此時連他的妻子都對約伯說：「你棄掉神，去死吧！」這是多大的打擊！約伯沒有犯錯，爲何遭受如此重大苦難。約伯唯一能給自己的答案就是「上帝知道」，一定有祂美好旨意。品川與約伯情節不同，卻同樣是個「謎」。

品川不像有些人因「貪」而被騙上當。他雖曾處高位，也從未以智行詭計之事。藉此寫序之際，懇求上帝補償替品川伸冤。當看見品川和阿桂夫婦與孩子們仍相互擁抱攜手同心前往教會敬拜上帝，基督至上，我就感恩淚泣。品川和阿桂所屬教會也發揮了即時的友愛與關懷，世上再也沒有比這更大的安慰了。

作者完成這本著作，莫非告知世人務要儆醒。同時也呼籲政府有關單位，不可輕看任何詐騙事件；政府有責任，要有魄力查個水落石出。小時候常有一種觀念就是警察要捉壞人，保護好人啊！那些歹徒們成功得逞，以爲逍遙法外，長樂久安，豈不知上帝務要追究，作惡的終必審判，因爲上帝是公義的。品川的財物損失，卻有更大的「愛」彌補了！

蔡鈴敏 牧師
台灣浸信會聯會前總幹事
門諾醫院前主任牧師

推薦序三

作者冠賢兄是我事業上的夥伴，本身對社會觀察有極深的興趣及研究，又是內斂謙沖的藝術愛好者及作家，其本身也是一位信仰上帝的基督徒，熱衷於投入社會公益。

《信任「放在」錯誤的對象》是冠賢兄在耳順之年後的第三本著作，若結合他前兩本著作《Bridge橋代誌》、《不退休其實更好》來看，可以稱做冠賢兄的「人生三境界」。而目前這本《信任「放在」錯誤的對象》作品則是以切入時事將台灣社會迫切需要了解的詐騙議題做一解析，並以精確調查、探訪、驗證書寫情境，猶如一位帶領您進入現場的防詐騙教官，將栩栩如生的寫實劇帶入眼廉。

冠賢兄以一年的時間，遂行將詐騙現象描述探訪投入極大的心力，探訪台灣社會層出不窮的詐騙事件現場，有別於以往不同的作品，以詳細對話情境紀實書寫，帶領讀者深入其境讓被害者的辯思演繹赤裸裸呈現在讀者面前。**尤其作者很喜歡引用《箴言》所說的話，例如「缺乏經驗的，凡話都信」，以及「通達人見**

禍藏躲，愚蒙人前往受害」等有智慧的言語，讓讀者面對詐騙來臨時如何趨吉避凶。

劇中以一個眞實的詐騙集團洞悉人性的精心布局及騙術，具深度詳實的犯案歷程以對話劇本牽引讀者思緒，藉以提供國人一窺犯罪手法，得以了解現代社會詐騙集團如何精心策劃架設邏輯推演的情境手法緊湊逼迫，藉著人的善良信任，演出一齣又一齣的騙局。

受害者品川雖他開咖啡店的夢想被詐騙集團粉碎，儲蓄幾乎被騙光，但在一家人都有虔誠基督信仰的基礎下，學會用「愛」彼此支持，互相Pump，使一個家庭在面對「財富管理城堡」被攻破，即將分崩離析時，能夠免於再受鉅創，最終方能「忘記背後，努力面前。」

台灣對犯罪詐騙雖然已經有設立多重應變防範組織及教育宣傳，個人覺得還是仍然要持續補強全民教育，此書帶領讀者進入犯罪第一現場，如同爲自己打預防針般，強化自己審度犯罪行詐者織羅陷阱，讓性善的普世思維多一層保護，避免錯誤信任付出嚴重悲慘的代價，也補足了一塊社會大眾需要的紀實教材。

個人二十年前即投入閱讀推動的行列，本人亦是「我的分享書房」創辦人，期待閱讀於修身養性淨化人心外，更發覺，人生百態的社會議題更是極需關注的事，也許您的傳遞分享，讓大家因此而都更盡一份心力，防範未然是作者所倡議這也是作者推動公益關注的心願，藉此啓發自己審慎思辨的防詐思維，而加一道保險保護自己，有益社會。

個人很榮幸在付梓之際能爲此作品書序。

楊忠霖 副理事長
台北市建築經營協會副理事長
光洋不動產股份有限公司董事長

推薦序四

隨現代網路通訊技術的發達，詐騙集團也如同病毒般四處橫行，除了在通訊軟體LINE、蘋果手機免費簡訊；社交軟體臉書、IG上發布不實訊息外，也會透過電話、報紙等進行無差別的撒網，等待大魚上鉤，凡個人在行動前都必須打個問號，對自己最有保障。

被害人的知識程度並不影響遭到詐欺的可能，縱使如文中之品川業已攻讀至博士學位，於詐騙集團對其施用詐術時，仍陷於錯誤，因爲縱爲高知識分子亦是人類，是人類不免就有弱點、盲區，可能是對於刑事處罰的恐懼，可能是對於鉅額利益的貪婪，可能是固有認知印象的想像，導致被害人最終將自己的財產拱手讓給詐騙集團。

詐騙集團的基本詐騙模板可以說萬變不離其宗，大致上爲：投資理財型詐騙、感情型詐騙、工作型詐騙、刑事處罰型詐騙等，並會跟進時事（例如疫情），再設計不同的故事。詐騙集團不是吃素的，他們有教戰守則，也知道在什麼時點講出一些眞實的資訊，就會讓被害人深信不疑，三分眞七分假，才是最容易讓人受騙的。

文中提到的詐欺模式，很明顯是以刑事責任爲主軸去編造的故事，並以刑事責任、偵查不公開等眞實內容（確實有這些條文），去脅迫被害人不得去向外求援。就此部分，我會分享律師從業時關於警方、檢方偵查時的一些過程，使閱讀者不會再因對於刑事程序的畏懼、不理解而受詐騙集團的擺布。

第一，**犯罪被害人都是自己去找警察報案的**，全台灣案件那麼多，沒有警察在沒有報案之前會主動來問案的。之後要問案，也一定是發書面傳票給當事人；第二，**無論是警察或檢察官，都不會用LINE辦案**，要提供資料，最多也只會提供Email而已；第三，**有關於詢問、訊問，是有一定程序的，必須受詢問、訊問人全程在場，也會有錄音錄影**，還會要求你確認筆錄內容是否跟你所述相同，最後還會要求你簽名、蓋指印，沒有可能用電話、線上詢問、訊問的方式；第四，**雖然確實有偵查不公開的規定，但偵查機關不會要求當事人什麼都不能問**，還會告知有找律師的權利，也不會要求你欺騙人，神神秘秘，必有貓膩；第五，如果**涉及犯罪，偵查機關經一定程序是有權限調取被告的資料**（包含名下不動產、銀行帳戶），**甚至可以凍結，根本沒有所謂匯到另一個帳戶監管的方式**（想想看，那你領出來錢不是就跑掉了，如何監管）；最後，所有案件都會有案號、股別，也有聯繫的方式，如果沒有，那必然是假的。

回到文中，如品川第一時間打電話到台北地檢署確認，或是去銀行詢問有無監管帳戶的模式，遺憾或許就不會產生，切莫直接相信未曾謀面之人。個人對於謝博士這本「**增加人生智慧」的著作**給予極高之評價，值予推薦給讀者閱讀。

莊華瑋 律師
進豐聯合法律事務所
東吳大學法律研究所

作者序

台灣最近崛起兩個賺錢賺到翻的新產業，一是詐騙集團，另一是綠能；這是鄉民「nobody0303」在PTT八卦板分享的內容。以詐騙言，這已凸顯出台灣詐騙集團已到肆無忌憚地步；**詐騙集團只要靠演戲、恐嚇、謊言、找代罪羔羊就可以賺取大把鈔票，最後「把財富留給自己，把坐牢轉給代罪羔羊，把悲傷送給受害者」**。《今周刊》第一三八三期曾報導第一線檢察官心聲，「一個月結掉八十件案子，近半數都是詐欺」，顯見台灣詐騙集團的囂張至極，以及檢警單位的束手無策。

作者以品川、阿桂、王志成科長、黃敏昌檢察官等四位人物爲主角，添加戶政人員、林麗華小姐、陳建宏警員、阿銘、輝哥、張同學、銀行與保險人員，以及蔡長老等人物之間的對話，描述虛假與逼眞、欺騙與眞誠、魔鬼與天使的對比，眞眞實實的呈現這一樁詐騙案件。

故事主角品川接到高雄前金區戶政人員打來的電話通知，有位女士拿著品川的授權書要來辦理戶籍謄本，以作爲申請銀行開戶之用，品川表示並無此事，戶政人員立即說明，已主動幫品川向警局報案，警察會在五分鐘之內打電話給品川；警察來電表明自己是高雄市警察局陳建宏警員，要協助品川查明是否歹徒已使用品川名字在各銀行開戶行騙，指示必須比對品川所有銀行帳戶餘額，並請「調查金融犯罪」專家王科長接手辦案，王科長又進一步以找出歹徒可能利用品川那些金融商品從事金融犯罪爲由，指示品川需再提供外幣存款、保險單與儲蓄險接受偵查。王科長一直強調「偵查不公開」，不可告訴任何人，甚至最親密的太太，以免影響警察辦案。品川信守承諾，信任假公務人員的「好心」，並配合假警察辦案，就這樣被「設下圈套」，掉進網羅而不自知。

王科長自稱經過兩個星期的調查，查出品川涉及「龍華吸金案」，已被台北地檢署通知到案調查，因公文寄達地址在桃園，品川未收到；若不如期到地檢署接受黃敏昌檢察官偵訊，地檢署將查封品川所有財產。再者，王科長建議在COVID-19期間，爲防止疫情傳染，改以LINE辦案；接著又建議品川向黃檢察官求情採「分案辦理」，否則地檢署開庭審理時，其他共犯將一口咬定品川是作案主謀，屆時將更難辯解。品川聽過王科長的說明之後心生恐懼，就完全接受王科長的「分案辦理」建議。顯見製造恐懼則是詐騙集團使用最低成本與收效最大的戰術。王科長的恐嚇戰術已成功地讓整個詐騙案順著王科長的劇本往下發展。結局當然非常慘痛，品川所有匯入假「金融監管帳號」的金額，全數人間蒸發。

《雅比斯的禱告》作者Bruce Wilkinson曾說過：「邪惡的本質就是以一點點的眞理欺騙我們，不需要全部眞理，只要少許，就足以欺騙我們；而我們的智慧往往發揮不了大作用。」

品川在此詐騙事件中完全失去智慧，如《箴言》所說：「缺乏經驗的，凡話都信。」所以犯了一項重大錯誤，亦即「查證不夠確實」，思維又受詐騙集團成員以「偵查不公開」的影響，致使品川不敢向親友們求證。再者，品川曾在國安單位上班時，常用「Q、V、V決策」做情報資訊分析。惟自己身陷詐騙案時，卻忽略了要使用「Q、V、V決策」來做查證，亦即是Q（Qualification），收到戶政機關，以及警察機關打來的電話，並未嚴謹審視資訊品質，亦未詢問清楚，就以「慣性思維」、很「主觀」且「局部化」的認定資訊的正確性。這種「見樹不見林」的思維是危機處理最大的陷阱；V（Validation），沒有確認王科長提供的地檢署公文可信度，被王科長「話唬爛」，就恐慌地把資訊撕毀掉，以至於缺乏可靠的根據與證據；V（Verification），當品川收到的資訊品質與可信度都有問題時，品川沒有再做最後的查證。因此，就做出最Stupid的決策，引狼入室，導致詐騙集團能直搗黃龍，攻破城池，直接進入品川的「財富管理城堡」內搬運貲財。這件詐騙案對品川來說是栽了一個大跟頭，不僅養老的本被搬光一大部分，而且也已造成夫妻間的失和，以及生活上的危機。

然而品川的「財富管理城堡」爲何會輕易地被歹徒攻破呢？主因係品川在接受假檢警查案作筆錄時，假檢警以查案爲由，要求品川須誠實地將自己的銀行財富告知假檢警，假檢警因而可一窺品川的「財富管理城堡」全貌。而這件事就好比《聖經．以賽亞書》裡頭記載那位猶大王國的國王希西家曾作了一件糊塗事一樣。就是敵對國巴比倫國王聽說希西家國王病癒，就派使者來道賀，實則窺探情報；希西家國王見巴比倫使者內心極歡喜，便容許巴比倫王的使者，參觀自己的寶庫和武庫。其後，便成爲巴比倫進攻猶大王國首都耶路撒冷的重要情報。

疫情過後，詐騙集團更爲囂張，仍繼續到處行騙，檢警單位雖有偵破某幾家銀行分行行員涉嫌與詐騙集團勾結的事件；且品川報警的詐騙案，也已抓到代罪羔羊劉小姐。依據台北地方檢察署的公文，代罪羔羊所犯法條為，中華民國《刑法》第三百三十九條（普通詐欺罪）、《洗錢防制法》第二條及第十四條，有可能處七年以下有期徒刑；內政部警政署也不斷地用宣傳手法告訴老百姓，「勿輕信網路上冒假名人投資影片、小心求證為防詐之不二法門，有任何疑問歡迎撥打165專線即時查證」。惟迄今效果仍然有限，套句老話說：「殺頭的生意總是有人做。」

品川與阿桂因著信仰的關係，不會大難來時各自飛，而是更堅定仰望上帝，彼此互相Pump。有句外國名言如此說，“Ships do not sink because of the water around them; ships sink because of the water that gets in them. Do not let what is happening around you get inside you and weigh you down.”（**船不會沉沒，因為周圍有水；船隻因進水而沉沒。因此，不要讓周圍發生的事情影響你的內心並讓你感到沉重**）。《牧羊少年奇幻之旅》作者Paulo Coelho說過一句名言，“If you are brave enough to say goodbye, life will reward you with a new hello.”

（如果你勇於向過去道別，人生會回報你一個新的開始），就以這兩句名言贈送給願意揮別過去，擁抱未來，不讓舊事崩壞人生的品川與阿桂。

謝冠賢 博士

二〇二三年

目錄

三、愚蠢的人愚昧終究是愚昧

一、一通電話帶來改變

聽到好事不期待，遇到壞事不意外——《遠見雜誌》

1. 右眼皮跳個不停象徵壞事即將來臨

昨天下午品川的右上眼皮突然一直跳動，連眼睫毛也下垂似的插入眼皮內，像針插入眼睛似的讓品川感覺非常非常地不舒服，品川好幾次用左手拉著右眼皮，希望右眼皮不要再跳動了，但是右眼皮還是不聽使喚跳個不停。此時品川的內心有一種莫名的徵兆（sign）出現，似乎正在告訴品川「你即將有壞事要發生」；品川即刻安靜了下來，爲此徵象做了一個簡短禱告，並不斷的默念著「主禱文」說：「我們在天上的父，願人都尊祢的名爲聖，願祢的國降臨，願祢的旨意行在地上，如同行在天上，我們日用的飲食，今日賜給我們，免我們的債如同免別人的債，不叫我們遇見試探，救我們脫離兇惡，因爲國度、權柄、榮耀全是祢的，直到永遠，阿們。」

品川用「主導文」禱告後，他的右上眼皮還是跳動個不停，沒有停住的跡象；品川不願自己的生活受眼皮跳動的干擾，就將這一切全然交託給神……。

在傳統民間的說法，眼皮的跳動的方向是男左女右，其所顯示的徵兆（sign），男人跳左上眼皮表示有喜事，跳左下眼皮表示即將有動怒的事會發生；若跳右上眼皮表示有哀傷的事即將發生，跳右下眼皮則表示即將有快樂的事要發生。而女人的眼皮跳動方向所表示的Sign則是與男人剛好相反。

到了隔天早上，日期是九月二日，剛好是星期五，品川的右上眼皮還是跳動著不停，沒有因昨天的禱告，而停住跳動，上眼睫毛仍舊像針似的插進他的眼皮內。品川照樣低頭向上帝禱告，內心再次默念著「主導文」，期望能逢凶化吉。

約莫當天十點左右，品川家中的電話鈴聲突然響起，其實品川很不喜歡白天接家裡的電話，因爲拜科技之賜，現在很多人聯絡大都使用手機，很少撥市內電話，除非是很親很親的家人。不然，幾乎白天有一半打來的電話都是詐騙電話，只要你一接起電話，對方就會說：「你的電話費還沒繳，或者是健保費沒繳。」

不然就會說：「姑丈，我是阿萱，我的手機電話號碼已經更改了，以後請撥這一支新的電話號碼。」而且對方的聲音還眞的很像那位阿萱的聲音。

品川目前因爲從事不動產買賣工作，這一天剛好有一間成交物件，位於淡水的「台北灣別墅」。買賣雙方預約下午一點要再驗屋一次，若沒問題就準備交屋。驗屋有時候很麻煩，有些爲著房子漏水、或者馬桶不通等修繕問題，買賣雙方意見不和就有可能造成無法交屋。所以當天上午品川在家中等候買方經紀人的來電，再與買賣雙方一起到「台北灣別墅」驗屋，俟驗屋沒問題之後，再到不動產公司完成交屋手續。

2. 一通戶政事務所的來電變成報案電話

由於電話鈴聲一直響個不停，品川原本不想接電話，心中想了一下，會不會是高雄的大姊打來電話要跟品川討論照顧母親的事情，就跑了過去拿起電話筒說：

「喂！您好，請問找誰？」

「請問你是薛先生嗎？」

「我就是。」

「我這裡是高雄市前金區戶政事務所，請問你有委託林麗華小姐來辦理戶籍謄本嗎？林小姐說，你因染疫無法外出辦理，才委託她來辦理。」「請問你認識林麗華小姐嗎？」

「我不認識。」

「請問她怎麼知道我染疫呢？我一個星期前已解除隔離了。」

沒多久我在電話筒中聽到戶政事務所的小姐聲音說：「快！快！快！趕快把那位林小姐攔下來。」品川在電話筒中，微微聽到裡面的對話聲音說：「可惜來不及了，那位林小姐見事跡敗露，已逃之夭夭了。」

「請問我的戶籍謄本有沒有被拿走呢？」品川很緊張地追問著。

「沒有。」戶政事務所的人員有點含糊的回答。

「我們已經幫你通報高雄市警察局來處理了。」

「好的，感謝！」品川語帶遲疑的口吻說著。

「請問薛先生你的手機號碼是幾號呢？」

「我的手機號碼是0987＊＊＊895。」

「五分鐘之後會有警察打手機電話給你。」通話中的戶政事務所人員很著急地對著品川如此說著。

約莫過了三分鐘，品川手機電話鈴聲響起，「喂！請問您找誰？」品川接起電話說。「我這裡是高雄市警察局陳建宏警察，高雄市前金戶政事務所通報，有人冒用你的名字拿委託書要申請你的戶籍謄本，作爲玉山銀行高雄分行開戶之用，請問你認識林麗華小姐嗎？」

「我不認識。」

「請問你現在可以在三小時之內到高雄市警察局做筆錄嗎？」

「怎麼可能？」品川在手機中很急促地向著陳警察說。接著品川又說：「我家住在淡水，轉車再搭高鐵下高雄也已超過三小時，況且我剛成交一間房子下午一點要交屋，怎麼來得及呢？」

「這樣子，那我們就採用電話錄音報案做筆錄好了，而且現在疫情嚴峻，搭高鐵也有風險。」品川一聽陳警察的解說，認爲也有道理，就接受陳警察的建議了。

緊接著陳警察在電話中指示品川說：「爲了報案及立案，請你待會兒撥（07）2120800這一支電話到高雄市警局，鈴聲一響不要等總機人員接通，請馬上輸入#8448這個分機號碼，鈴聲響後會有人接聽，你說要找偵查二隊陳建宏警察。」品川也順便問陳警察說：「請問前金戶政事務所的電話號碼是幾號呢？」這時陳警察不假思索的回答說：「（07）2911091。」

品川不疑有他便照著陳警察說的步驟撥電話到高雄市警察局，接通後，不等總機人員說話，馬上輸入分機號碼#8448，這時有位男士拿起電話筒說：「請問要找誰呢？」品川說要找偵二隊陳建宏警察，那位接聽電話的男士便在電話中，喊著：「陳建宏有人找你！」品川在電話中依悉聽到警察局內部的電話轉接了兩次，才轉到陳警察那兒。陳警察說：「薛先生，現在開始正式報案，所有詢問的內容均會被錄音存證，請問你知道嗎？」「我知道。」品川語帶堅定的口吻說著。

—採用電話錄音製作筆錄

陳警察很客氣地再次對品川重複說：「薛先生，準備好了嗎？現在要開始錄音問話了。」「沒問題，可以開始了。」品川略帶緊張的口吻回答。

首先必須跟薛先生說明的是：「這樣做有三個目的，請務必記下來，一是想了解誰用你的名字在玉山銀行高雄分行開戶；二是在警局立案；三是維護你個人的權益。」

「請問你認識林麗華小姐嗎？」

「不認識。」品川很斬釘截鐵地回答。

「請問你有委託林小姐申請辦理戶籍謄本嗎？」

「沒有。」品川又再次斬釘截鐵地回答。

「你有在玉山銀行高雄分行開戶嗎？」

「沒有，我在北部工作怎麼有可能會在高雄開戶呢？」

「請問你有得罪過誰呢？或有跟誰結怨過呢？」

品川腦筋停頓了一下，然後說：「沒有。」

「請問你的學歷是大學畢業或是研究所畢業呢？」

「博士畢業。」

「哪裡的博士學位呢？」

「美國。」

「請問你有宗教信仰嗎？」

「有，基督教。」品川有點得意地回答。

「現在疫情很嚴重，請問你有染疫過嗎？」

「有，剛染疫過，八月中旬的時候有染疫。對了，那位歹徒林麗華小姐怎麼知道我曾經有染疫，是不是我的個人資料從高雄市衛生局流出去的呢？」

此時陳建宏警察靜聲沒有說話，約莫停頓了幾秒之後說：「這要查才清楚。」

接著陳警察再質問品川說：「請問你目前從事什麼工作呢？」

「從事不動產工作。」

「在哪家不動產公司工作呢？」

「在台北市大安區太平洋房屋。」

「地址在哪呢？」

「在台北市忠孝東路三段21＊巷＊號。」

「你從事不動產幾年呢？」

「大約八年。」

「那麼你在做不動產之前在哪裡工作呢？」

「我在一家鋰電池公司上班，在這家公司上班之前，是在國家安全局上班。」

「請問你有在哪幾家銀行開戶呢？而且不能隱瞞或漏掉任何一家，否則無法比對出是否你還有其他帳戶被他人盜用。」陳警察很嚴肅地對著品川說。

—提供銀行帳戶比對盜用帳戶

當品川聽到陳警察這麼說，內心有點遲疑，但腦筋一閃，若不提供這些資料，警察怎麼辦案，也沒辦法查出歹徒假借我的名義在外作案的情形。這時品川想到此景況，覺得必須配合辦案，才能使自己不會身陷於犯罪之中，於是欣然接受地說出他所有的銀行帳戶名稱如下：

陳警察我的銀行帳戶有：「台灣銀行、合作金庫及郵局帳戶，這三個帳戶是退休金入帳的帳戶；另外還有匯豐銀行及花旗銀行帳戶，當時是針對女兒在日本留學，以及我在美國讀書時匯款之用；還有台新銀行、台中商銀、淡水一信、國泰世華銀行、中國信託銀行、第一銀行，這些是用在繳交房貸、儲蓄保險及不動產佣金收入，以及以前在私人公司上班時薪資轉帳的帳户。對了，還有富邦銀行帳户，是我剛到太平洋房屋工作時新開的帳户。還有……還有華南銀行，是當時在兼差作保險時開的帳户，現在已不再使用，至於土地銀行帳户是我在大學兼課時薪資轉帳之用，因目前已沒在大學兼課，同樣現在已沒使用了。」

接著陳警察很好意地跟品川說：「你的銀行帳戶太多了，以後把金錢合併存在幾家銀行就夠了，現在爲了查出你的資金來源是否合法，必須請你交代每個銀行帳戶裡頭有多少餘額存款。」品川爲了表示清白，也「一五一十」地向陳警察說出每個銀行帳戶當時的存款餘額。

「請問薛先生你有使用網路銀行嗎？哪幾家銀行有使用網路銀行也要說明，方便一併偵查，是否有被歹徒盜用？」陳警察接著又用做筆錄的口吻詢問品川。品川很直接地跟陳警察說：「好的。」品川會如此說只爲了證明自己的清白，就「一五一十」地將有申請網路銀行的銀行名稱告訴了陳警察。

——提供保單明細辦理金融查證

緊接著陳警察又向品川說：「你有哪些保單也要麻煩說明一下，這也是金融查證的一項。」品川非常配合陳警察的辦案，也「一五一十」地把所有保單一一的跟陳警察交代得一清二楚，總計有「富邦人壽、國泰人壽、台灣人壽、中國人壽、巴黎人壽、康健人壽、友邦人壽及安聯人壽」等十六張保單，而且保單合約裡頭有多少金額、有何保障，也爲了配合辦案做筆錄，品川都「一五一十」地向陳警察陳述。

「好的，今天的筆錄就問到這裡，我們會幫你查出是否有人盜用你的名字，在銀行開設假帳戶。」陳警官如此的回覆品川說。「薛先生，你應該知道，偵查是不公開的，不可以跟親朋好友及太太說出此事情，深怕他們擔心，到處問人家，會影響案情的偵辦，也說不定你的個資外洩也有可能是你家人或親朋好友流出去的。所以務必保密，不可跟任何一個人談論此事情。」陳警官在問話結束前，再三地跟品川叮嚀著。

「薛先生，請問你下星期一有在家嗎？」從電話中的另一端，陳警察很客氣地詢問著品川。「對不起，星期一要到公司開會，我們公司每個星期一及星期四都要開會。希望陳警察能早點找出歹徒出來，好讓其他善良的老百姓也不會受害。」品川會如此的請求，是對陳警察的辦案充滿期待，希望陳警察能早點破案。

「那麼就跟薛先生預約下星期二上午九點，請你在家裡接電話，還有當天上午你太太有在家嗎？」「沒有，我太太有上班。」「好的。下星期二，九月六日上午九點見。」九月二日這一天陳建宏警察對品川所製作的電話錄音筆錄，從上午十點多開始問話，直到接近中午十二點才結束。

陳警察一直對品川再三叮嚀：「偵查不公開，不可告訴任何人，否則影響警察辦案。」其實這句話對品川來說，是帶著些許「恐嚇」的意味在裡頭。

3. 恐懼常把非既成事實認爲可能發生

品川因非常相信警察的辦案能力，便遵照陳警察的指示，辦案期間信守「偵查不公開」的承諾，再也沒有跟任何人談論起這一件事，就連最親密的老婆大人阿桂，品川都保密到家。

加之，品川第一次遇到這種事，內心也會恐懼。眾所周知，**內心的「恐懼」常常會把「不是既成」的事實，自認爲是「可能」已發生的事實**。

品川知道阿桂的個性，若把這件「偵查不公開」的事告訴阿桂，消息很快就會被傳開來，案情也會被洩漏，將會影響警察的辦案。另外，品川知道阿桂的血型是B型，據說血型B型的人，對朋友非常的坦白，只要一些新鮮事或特別的事**讓B型血型的人知道，是「無法存放與典藏在冰箱裡頭的，若不馬上釋放出來放在微波爐裡微波或解凍」，內心是會極度痛苦的，甚至會憋到得「內傷」，所以比較不容易「保密」**。

《與成功有約》這本書作者柯維（Stephen R. Covey）說：「對自己、對別人有所承諾，並且從不食言，是主動積極精神最崇高的表現；所以對自己信守諾言的力量，正是圓滿人生不可或缺的基本條件之一。」品川非常同意柯維的看法，因爲**信守諾言才會贏得別人的信任與尊重**。

說眞格的，品川爲著能接到這一通電話，事後還大聲地讚美上帝說：「還好今天剛好有在家裡，能接到這一通高雄市前金戶政事務所打來的通報電話，否則就不知道自己的個資已被歹徒拿來在外作案。感謝讚美主！若案子有查出來，一定要為主做那美好的見證。」

其實，品川當時接到前金戶政事務所打來的電話，心情並沒有想像中的安穩平靜，他正為前些日子好不容易成交的兩間房子，皆因賣方聽信謠言，產生成交價格與交屋爭議，因而引發買賣雙方的爭執感到愁煩。其中，一件買方還到法院提告賣方。現在又遭受到歹徒拿著品川的「假授權書」要到銀行從事非法金融犯罪之事，這種無形的壓力，讓品川的心情受到極大的干擾，思緒也受影響而變得無法那般的清晰。這種情況就如同政大心理系楊建銘教授的研究指出：「如果壓力太大，**壓力賀爾蒙會過度激發神經細胞，專注力會變得狹小，干擾腦中其他功能。**」此意味**心中壓力太大，或有雜事纏身時，有時候也會造成判斷的失準。**

二、精明的人，步步留心

缺乏經驗的，凡話都信；精明人都按知識行事；人以為是正途的路，最終竟是死亡之道——《聖經．箴言》

恐嚇是撒旦使用最低成本與收效最大的戰術；人的過多思慮和牽掛都是惡者手中的人質——綜整自網路文章

1. 第一次求證發現疑點未深究

九月二日下午品川到不動產公司與買賣雙方完成交屋手續之後，自己忽然想到還有一本遠東銀行存摺未向陳建宏警察交代清楚，若不趕快向陳警察報備，深怕事後被發現，恐會滋生問題，以及有後遺症發生之虞。

而這一本遠東銀行存摺的由來，乃是品川當時在美國就讀博士班時，爲了要繳學費，因身邊現金不足，以個人信用貸款方式向遠東銀行借款新台幣一百五十萬所開立的存摺。因年代久遠，品川早已忘記還有這一本存摺存在。

品川交完屋，一回到家就急忙的奔到書房，打開書桌四個抽屜，翻閱抽屜裡的所有銀行存摺，終於找到這一本年代久遠的遠東銀行存摺，隨即拿起家裡電話筒，食指頭快速的按電話鍵（07）2120800撥電話到高雄市警察局，也同樣按照陳警察指示的方式，鈴聲一響沒有等總機人員接通，就馬上輸入#8448這幾個分機號碼，但這一次竟然沒有聲音，也沒有人接聽。

品川似乎有點疑問，但並未深究，內心卻給自己一個合理的解釋：「可能是偵二隊比較神秘的關係，分機號碼是隨機變動的。」但品川仍未放棄求證，立即打電話請教他的律師姪子；惟品川爲了信守「偵查不公開」的承諾，便小心翼翼的問他姪子說：「若有人假冒我給的授權書到戶政事務所申請戶籍謄本，有可能要拿去做什麼用途呢？會有什麼不好的後果發生呢？」品川的姪子聽完品川所問的問題，剛好手邊正忙著其他事情，就請品川五分鐘過後，再看LINE他所回覆的內容。

過了不久，品川在LINE上面看到他姪子的回覆說：**「變造身分證加以犯罪，因爲個資都在上面，可能去竄改被害人財產、申請金融卡與信用卡，讓被害人無故背上一身債務，甚至知道你的家人有誰，進行詐騙或勒索等。」**

品川一看到他姪子的回覆內容，由於思慮過多，萌生內心的恐懼，**把他姪子所說的「不是既成」的事實，就自認爲未來「可能」會發生的事實**。心中也就愈加希望藉由警察的辦案，來儘早查出作案歹徒，還給品川一個清白。

由於品川爲了配合警察辦案，信守「偵查不公開」的承諾，因此沒有告訴他姪子實情。而品川當時問他侄子的問題，其實是一件正發生在品川身上的事情。

2. 配合辦案守在家中等候來電

九月六日當天，品川非常守時，上午九點不到就守在家中的電話旁等待陳建宏警察的來電；九點一到品川家中的電話鈴聲眞的響起了，品川很快拿起電話筒說：「陳警察您好，我是薛品川。」

「薛品川你好，我是陳建宏警察，請問你家中有人在嗎？」陳警察非常謹愼的問著品川說。「家裡沒有人在，我太太已經去上班了。」品川小心翼翼地回答陳警察的問話。

—強調電話錄音製作筆錄目的

「因現在是疫情的關係，請問你知道用電話錄音做筆錄有哪三個目的嗎？我再重複說一遍，請務必再記下來，一是，**想了解誰用你的名字在玉山銀行高雄分行開戶**；二是，**在警局立案**；三是，**維護你個人的權益**。」陳警察一直跟品川強調此事的重要性。

「薛先生，我現在準備將你這個案子轉給我偵二隊的王志成科長來辦理，王科長是一位偵查金融犯罪的專家，王科長會幫助你查出有誰假借你的名字在銀行開戶，我現在就將電話轉給王科長。」「好的，沒問題。」

—交由金融犯罪專家偵辦

「請問是薛先生嗎？我是王志成科長，以後你的案子就交給我來辦理，聽說你有出書，從國安局退休，又有博士學位，目前在從事不動產工作。」

「是的。」品川有點得意的回答。

「聽陳建宏警察說，有人報案，假借你的名字寫授權書到高雄前金戶政事務所申請戶籍謄本，做為辦理玉山銀行高雄分行開戶之用。」

「是的，是高雄前金戶政事務所有位女性職員打電話來問我，有沒有授權一位名叫林麗華小姐來辦理申請戶籍謄本，我說：『沒有。』那位戶政人員就主動幫我向警察局報案了。」

「請問你有得罪過誰呢？或有跟誰結怨過呢？」

「沒有。」

接著王科長又說：「我們警察人員跟國安局也有很密切的業務往來。」

「是呀！國安局第三處就是負責國內安全，經常與警政單位有著密切的業務聯繫。」品川就接續王科長的話說著。

「薛先生，目前全世界因COVID-19疫情非常嚴峻，台灣疫情也很嚴重，每天都有四萬人以上感染，在疫情期間為了防疫及辦案，不方便讓你南下高雄製作筆錄，只好改用電話錄音製作筆錄，現在要開始錄音，準備好了嗎？」

「OK！」

「請問薛先生你有染疫過嗎？」

「有呀！八月中旬時染疫過，因我戶籍在高雄，所以有通報高雄市衛生局。是不是我的個資從高雄市衛生局流出去的呢？不然她怎麼知道我有染疫呢？」

「有可能，不過，這要一併查才清楚。」王科長這樣回答品川的問話。

陳建宏警察有跟你說電話錄音製作筆錄有三個目的，你還記得哪三個目的嗎？

「就是，**一是，想了解誰用你的名字在玉山銀行高雄分行開戶；二是，在警局立案**；三，**是維護你個人的權益**。」品川能夠這麼順暢的回答王科長的問話，乃是看著自己手邊的筆記答話。

「哇！不愧是位博士，回答的很正確。」王科長語帶讚美的說著。

「好的，現在就依據陳建宏警察所製作的筆錄，再次向你詢問一次，不可隱瞞，請據實回答。」接著王科長又說：「爲了要查證及比對你的個人銀行帳戶是否有被其他人盜用，請再次一一說明你目前有哪些銀行存摺帳戶。」

品川爲了配合高雄市警察局偵二隊的王科長辦案，很鉅細靡遺的交代有哪幾家銀行有存摺，有哪幾家銀行沒有存摺；沒有存摺的是匯豐銀行及花旗銀行等外商銀行，並且說明每一本存摺帳戶的資金用途，以及說明有哪幾本的銀行存摺帳戶已經沒有使用。

基本上，品川向王科長交代的銀行存摺帳戶內容，只增加遠東銀行，其餘都跟陳建宏警察報告的內容雷同。因此，再一次的向王科長交代一次說：「我有台灣銀行、合作金庫及郵局帳户，這三個帳户是退休金入帳的帳户；另外還有匯豐銀行及花旗銀行帳户，當時是針對女兒在日本留學，以及我在美國讀書時匯款之用；還有台新銀行、淡水一信、國泰世華銀行、中國信託銀行、第一銀行及台中商銀，這些是用在繳交保險與儲蓄險及不動產佣金收入，以及之前在私人公司上班時薪資轉帳的帳户。對了，還有富邦銀行帳户，是我剛到太平洋房屋工作時新開的帳户。還有……還有華南銀行，是當時在兼差作保險時開的帳户，現在已不再使用，至於土地銀行帳户是我在大學兼課時作爲薪資轉帳之用，因目前已沒在大學兼課，同樣現在已沒再使用。還有一本遠東銀行存簿也沒使用了。」

——指示偵查網路銀行資金流向

「請問薛先生，你也有使用網路銀行嗎？」

「有呀！」

「請問有哪幾家呢？」

「有匯豐銀行、花旗銀行、第一銀行、中國信託銀行、國泰世華銀行、台新銀行、台中商銀、富邦銀行，以及台灣銀行，不過我的台灣銀行的網路銀行似乎有點問題。」

「像你年紀這麼大的人還會使用網路銀行，很不簡單。」王科長一再的讚美品川。「爲了金融查證，了解有沒有不明資金匯到你的帳戶，要麻煩薛先生交代到目前爲止，你的每個銀行帳戶的存款餘額有多少。」「還有，薛先生你的銀行存簿太多本了，以後要懂得化繁爲簡，留幾個主要使用的銀行帳戶即可。」王科長很誠懇的跟品川建議。

品川聽王科長這麼一說，還覺得王科長的建議很正確，但品川內心完全沒有認同，因爲每個不同存摺帳戶，品川各有不同的資金用途。

——保單可能成為金融犯罪工具

品川對王科長提出的要求，由於內心破案心切，幾乎沒有思考，就完全配合；品川如此地順從，是不是如同孔子所說的「六十而『耳順』」一樣，很順從的照著王科長的要求，「一五一十」地把每個銀行帳簿裡的銀行存款餘額交代的一清二楚，連有多少美金定存也一併告知王科長。

品川會如此的順從，顯然是爲了證明自己的清白。因此，極度配合高雄市警察局偵二隊王科長的辦案，一點也沒有懷疑這個辦案過程的合法性。

「對了，薛先生，聽陳建宏警察說，你還有許多保險和儲蓄險，也麻煩你一一的交代清楚。」

「ㄏㄚˊ，王科長，連保險單也要查證嗎？」品川覺得不是很合理。

「這也是要查證和比對你的保險單是否也有被別人拿來利用做爲金融犯罪工具。」王科長用極柔和的語氣在電話中回答品川的猜疑。

這時品川在電話中請王科長先等一下，就走進主臥室搬出各家保險公司投保的保險單，不論是壽險、意外險、醫療險，以及儲蓄險，一一從櫃子裡的抽屜通通拿了出來。品川輕輕地放到餐桌上，便拿起無線電話筒，「一五一十」地將保險單內容與保險金額向王科長報告，深怕王科長不懂似的。

「請問薛先生，這些保險單到目前裡頭總共有多少錢呢？」

「我不清楚，不過，富邦保險，我有手機App，可以查出到目前爲止可借金額有多少。」「王科長請等一下，我先進入富邦保險App系統……。」

品川點選富邦保險「手機e方便」這個ICON，緊接著輸入身分證字號、使用者代號、密碼和驗證碼之後，約莫過了三十秒通過驗證，就進入富邦保險系統。接著品川用手指頭點選「保戶會員專區」，進入另一個畫面，有「繳費資訊、申辦進度摘要、保障內容、保單價值、借款墊繳、投資型保單現況」等六個服務項目，品川點選了「保單價值」這個項目，約十秒就顯現出保單當日可借金額爲新台幣796,346元。

品川看到此數字，即刻向王科長報告，報告的口吻很像下屬向長官報告一樣。

品川非常配合警察辦案，對王科長所提出的要求，極度的順從，也許與品川的年紀剛好是「六十而『耳順』」有關係吧！或者是，與軍人順從的個性有關係吧！品川竟然一點沒有防備就把保險的相關內容鉅細靡遺地向王科長交代得「一清二楚」。「耳順」這兩個字對品川來說，是「順服、順從」之義，肯定不是孔子所說的：「聽到別人說話，就能領悟到對方話中細微的義理。」

「薛先生你剛剛所說的那些銀行帳戶與金額，以及保險相關內容均已錄音存證，爲了保障你個人權益，將會進行金融調查。」

「也要煩請王科長早點查個水落石出，把假借我名義在銀行開戶，從事金融犯罪的歹徒查出來。」

品川把焦點與心思都放在趕快找出那位用他的名字作假證件、虛設銀行帳戶的這件事上，所以思考方向一直聚焦在：「請王科長要早點查出歹徒出來。」

—偵訊時透露一筆不動產買賣

「請問薛先生，你明天有空嗎？」王科長再次問品川。

「沒有空，明天我跟人家有約，要談房地產的事；後天星期四公司開會，下午一點與客戶有約；星期五要驗車及探視在安養中心的母親，緊接著九月十一日至九月十四日的中秋節年假早已安排花東之旅，可能要到九月十五日才會有空，可是九月十五日是星期四，星期四上午我公司固定要開會，還有我九月十七日星

期六有事要下高雄一趟。」品川非常信任偵二隊的王科長，把他的行程鉅細靡遺的告訴了王科長。

「薛先生，這段期間剛好我可以來做銀行查證，等你旅行回來時應該就可以查出是誰假借你的名義從事金融犯罪。對了，薛先生你九月十七日下高雄要辦理什麼事呢？」

品川有點不想向王科長報告此事情，內心暗自思索著：「若不誠實交代，萬一王科長在這段辦案期間調查我的金融流向，查出我沒誠實說明這件房子買賣事情，可能無法洗清自己的清白。」品川在王科長追問的當下，有點不情願地說：「要下高雄簽一個房子買賣契約，是自己在高雄楠梓的舊房產，已經五十幾年的舊房子，想處理掉。」

「大約要賣多少呢？」王科長很關心的問品川。

「兩百一十五萬，那房子只有土地所有權狀，沒有房屋所有權狀，只能賣土地送房子，所以沒有什麼價值。」

3. 王科長主動要求加LINE辦案

王科長聽到品川的說明之後，品川在他的手持無線電話中聽到極親切的聲音說：「因星期四上午貴公司固定要開會，爲了讓案子能早點結案，就跟你約九月十五日星期四下午一點見，不過疫情期間，你旅行時要注意防疫。而爲了方便聯繫及辦案，我們加個LINE，我傳LINE的ID給你，我的ID是『1288』。」

「好的，沒問題。」品川照著王科長的指示，在LINE搜尋好友ID處輸入1288，很快就連上，雙方就加上LINE了。

品川與王科長Connect通訊軟體LINE之後，王科長的LINE顯示的ICON圖騰是「高雄市警察局的外觀與王志成三個字」。緊接著王科長傳一張Say Hello的圖片給品川，品川也傳一張LINE裡頭的「Good」圖片給王科長。

品川看到LINE上ICON的相片是「高雄市警察局的外觀」與「王志成」三個字，對王科長的戒心就降低了，並萌生信任感。

這時，品川很好奇又充滿疑問地在手持無線電話筒中問王科長說：「一般人到銀行開戶，不是要有雙證件（身分證及健保卡）嗎？而且還會照相存檔，怎麼銀行那麼容易驗證過關呢？」

「可能歹徒製作假證件，矇騙銀行行員，或者內神通外鬼，有銀行人員一起作案。」王科長氣定神閒地回答品川的疑問。

品川聽完王科長的這番話，心裡想著，也很有道理。這時候王科長突然跟品川說：「我工作到今年底就打算要退休了。」

「喔！這可要多麻煩王科長早點查出背後製作假證件的歹徒。」品川會如此說，是極爲期待王科長能早日破案，查出背後的藏鏡人是誰。

「當然，這是我們的職責。」王科長很客氣地說著。

「好吧！我們就九月十五日下午一點見。薛先生，有一問題請教，因偵查不公開，你公司附近有沒有公園呢？在公園運動的人多不多呢？安不安靜呢？」王科長很謹慎地問品川說。

「那個公園不大，人不多，離公司很近，也很安靜。」品川很直接的回答王科長所擔心的問題。

「說話會不會被人聽見？你同事會到那個公園散步嗎？」王科長又很謹慎地問品川說。

「我公司同仁應該不會去那個公園散步，即使說話也應該不至於被偷聽到。」品川再次斬釘截鐵地回答王科長所擔心的事情。

「好吧！我們就九月十五日下午一點在你公司附近的公園見，還有你旅行這段期間要注意防疫，出門注意安全，要快快快樂樂出門，平平安安回家，祝福你中秋佳節愉快，旅途愉快。」王科長不斷的叮嚀與關心地說著。

「謝謝您的關心，也祝福您中秋佳節愉快。」品川因馬上要與阿桂一起去花東旅行的關係，口氣很愉悅地回答。

品川與王科長對話之後，情緒也慢慢冷靜了下來，但內心極為渴望王科長能對其個資被盜用這一件事能早點查個水落石出，便獨自坐在餐桌前再次低頭向上帝禱告：「願上帝幫助王志成科長有智慧和能力早日查出作案歹徒，不要讓更多人受害，也還給孩子清白，禱告奉主耶穌基督的聖名祈求，阿們！」

4. 自己合理認知導致查證失敗

品川與王科長加LINE之後，突然又想起他還有一張保單未交代，深怕沒交代清楚會有後遺症發生，隨即拿起無線電話筒撥（07）2120800高雄市警察局的電話找王科長，電話撥通後，電話另一方的總機小姐說：「這裡是高雄市警察局，請問有甚麼事需要幫忙呢？」

「我要找偵二隊的王科長，王志成科長。」

「對不起，我們沒有這個人。」

「請問有陳建宏警察嗎？」

「也沒有。」總機小姐很客氣地回答著。

「好的，謝謝！」

品川掛了電話，內心想著：「總機小姐怎麼會這麼說，沒有這兩個人呢？會不會偵二隊因辦案的關係比較神秘呢？還是警察局裡面的警察人員很多，不見得總機小姐都認識每位警察呢？」

品川對人與事都設法從好的一面去思考，於是內心，自己給自己一個合理的解釋，就沒有再繼續深究了。而這一件查證的事，品川並沒有詢問過王科長。

5. 用LINE貼心問候實則掌握行蹤

品川與阿桂這對夫妻在工作之餘，會安排時間旅行，有時候Take a Rest去旅行反而會促使身心靈更爲健康、生命更有產能。《與成功有約》這本書作者柯維（Stephen R. Covey）說過：「有產能，才能立於不敗之地。」因著旅行讓心靈沉澱，也爲自己開啓另一扇窗，看見不同風景和視野，也會隨著迎面吹來的風，帶來新的靈感與點子，許多煩惱與困境也會隨風飄去……。

品川與阿桂他們學習「Take a Rest去旅行」這門功課，**的確也爲他們跨過婚姻難題，帶來幸福**。在花東旅行期間，氣象報告說：「會有颱風會來攪亂。」惟幸運的是颱風沒有直撲台灣，據說最近颱風只要看見「台灣」，就會轉向。

在品川花東旅行期間，王科長非常關心品川的安危，每天都會適時用LINE傳些「旅行途中多注意安全，也要多多注意防疫」等問候語給品川，品川也會回傳一些溫馨問候語給王科長，此舉像是好友天天問候一樣。

有時王科長也會主動在LINE上問品川說：「颱風對花東影響大嗎？花東的天氣如何呢？有沒有下雨呢？會不會影響旅行呢？爬山時要特別注意安全，不要跌倒。」等關心話語。王科長自己也會主動在LINE上分享南台灣高雄的天氣現況給品川知悉，王科長對品川的舉止，像是多年不見的老朋友在互相關心一樣。

其實，在九月十一日至九月十四日花東旅行這段期間，氣象報告報導北部是雨天，然而有些原先有報名參加旅遊的朋友，因相信氣象局的天氣預報說：「花東地區降雨機率有60%。」因而取消這次的旅行。還好這次行程愈往南走，天氣愈好，由雨天漸漸轉爲陰天，想必臨時取消這次旅程的人內心一定很失望。

品川對王科長如此關心他在旅行途中的安危，甚表感動，內心一直感謝和讚美王科長說：「現在的警察人員對鄉民的服務變得如此的貼心。」

——LINE上告知銀行帳戶比對出爐

而九月十二日這一天，王科長在LINE中寫信告訴品川說：「剛剛有確認過，你的銀行帳戶比對結果，周三上午會出來，我到時候看完報告再跟你說。」

「謝謝王科長的用心與辛勞。」

到了九月十四日花東旅行最後一天，王科長用LINE寫信給品川回報他的查案進度說：「我剛拿到結果，你明天下午有時間嗎？」「我跟你說比較清楚。」

「我要跟你確認一些事情，看我的判斷正不正確，如果跟我想的一樣，那事情就很好解決了。」

「有的，明天下午有空。」

「好，那你是回家還是在公司？」

「晚上回到家，或者與您預約明天上午九點十分？」

「你明早不是要去公司開會嗎？我記得你周一和周四都要去公司開會。」

「九點五十分開始開會。」

「那，還是下午呢？」

「好的。」

「那你開完會確定一個時間給我，一點過後我都可以。」

「就約明天下午一點。」

「好的。」

品川因相信警察人員的辦案能力，爲了不影響警察辦案，一直信守「偵查不公開」的承諾，在旅行期間依舊保密到家，從未向老婆大人阿桂透露此案的任何「隻字片語」。所以，在九月十一日至九月十四日中秋假期旅行這段期間，品川的旅遊心情並沒有受到此案件的影響，仍舊與同伴們快樂的健走在花東地區的森林步道，一起體驗花東地區的山川俊美。

—健走有助思考惟思緒受網羅

品川與阿桂參加九月十一日至九月十四日的花東旅行，是由一群居住在淡海新市鎮「四季之旅」社區的一位馬偕醫院女醫師所發起，參加人員有五分之四是已退休人士，有的是旅居國外回台灣定居的人，有些是退休軍公教人員，有些則是企業界退休的老闆，年齡大約介於五十歲至七十五歲之間。大家有一個共同理念，就是要「樂活與健身」。

由於阿桂自己有一個夢想，就是「走步道認識台灣」，因此，藉由尋找台灣步道而愛上健走。阿桂的這項夢想也感染了品川，他們夫妻就開始熱愛台灣大自然山川美景與步道，於是加入了「四季之旅」社區的登山健走活動。然而健走是在戶外進行，一邊可欣賞大自然風景、接觸陽光與人群，一邊可鍛鍊體格與肌力、改善心情增加活力與免疫力，甚而進一步提高身心靈的平衡與協調。

根據《紐約時報》（*The New York Times*）、**史丹佛大學**（Stanford）、

《商業內幕》（*Business Insider*）的研究指出：「養成走路的習慣可以促進腦細胞的生成，減緩老化速度；而行走可以幫助想出好點子，得到更多的創意。」所以當你感到思緒受阻，或想要做好決定，以及制定好的決策時，別忘了，走路可以幫助你想出好點子。盧梭說過：「唯有我的雙腳開始擺動之時，我的思想才開始流動。」尼采也曾說過：「所有偉大的思想都源自於走路。」顯見走路的好處不只有助健身，還能成爲思想家與創意家。

由於阿桂喜愛上爬山與健走，品川受到感染也跟著慢慢喜歡上健走，連阿桂的思緒和對事物的看法，因愛上健走的關係竟也逐漸變得比較正面。而品川的體態與身材也因健走的關係看起來也變得比較年輕，不那麼地老態龍鍾。

九月十四日品川與阿桂結束了花東之旅，當晚與「四季之旅」的朋友們回到了台北。然台北的天氣依舊下著細雨，一起旅行的同伴感到慶幸的是，旅行期間花東天氣陰天無雨。爲此事「四季之旅」的同伴們極爲感謝老天爺的賞賜與祝福。

唯獨品川內心仍想著明天與王科長有約，心中總是有這顆石頭壓在哪兒，以至於他的思緒一直被「個資外洩，歹徒作案」八個字所網羅著。惟品川內心仍未忘記安靜地向上帝祈求禱告。

6. 當事人是「龍華吸金案」共犯

花東之旅當晚回到淡水已是十點一刻，由於旅途勞累，晚上睡覺品川理應睡得香甜才對，但心中總是有那麼一顆石頭壓在心頭，任誰也會處於半夢半醒之中。品川半夜醒著的時候就默默地向上帝禱告，訴說內心的盼望。

九月十五日品川大約清晨五點就起床，無論昨晚睡眠如何，早起已是品川的習慣。因昨晚沒有睡好，品川拖著疲累的腳步來到廚房，打開電鍋放進些許水，接著打開冰箱拿出麵包和雞蛋放入電鍋內蒸煮；再轉身從冰箱拿出蘋果，切片後放入裝有鹽水的盆子內浸泡；緊接著順手拿起咖啡杯置於咖啡機內，按下美式咖啡按鍵，很快就煮好了一杯香濃咖啡。大約六點左右，品川把一杯煮好的咖啡、一盤切片的蘋果，以及一塊麵包與一些堅果置於一個Made in Indonesia的木盤子裡頭，然後雙手端到餐桌上，走到主臥室門前，敲門叫阿桂起床享用早餐。

品川和阿桂他們有一個共同的好習慣，早上會一起一邊喝咖啡享用早餐，一邊在YouTube上一起聽幾位牧師的講道內容，或者聆聽淡江教會莊牧師錄製的「每日讀經釋義」。他們除了要餵飽自己的肚子之外，餵飽一天的精神食糧更是重要。

大約七點半左右，品川準備出門到台北市大安區太平洋房屋上班。品川到台北市上班，有時候騎著摩托車到捷運站搭捷運，有時候搭公車到捷運站搭捷運，又有時候搭社區巴士到捷運站搭捷運。

而今日九月十五日（星期四）早上品川特別帶著一顆期盼的心騎著摩托車到捷運站搭捷運到台北上班，內心相當期待王科長下午能公布答案，查出作案的歹徒是誰？

—在VWI咖啡廳等候王科長來電

公司開完會也已經十一點過一刻，品川知道下午一點與王科長有約，沒有跟同事打招呼，便一個人靜悄悄地走出公司大門，先往便利商店的方向走去，進到全家便利商店繳交當月的銀行信用卡消費費用，接著沿著巷子走到品川常去光顧的一家日本拉麵店，這一家拉麵店十一點半才開始營業，是日本人來台北市經營的，已經開了十三年，裡面服務人員只有兩位，一位是從越南來台灣學中文的女學生，負責點餐；另一位是台灣人，在廚房裡幫忙，她們都是來打工賺取學費的。

品川進入這一家日本拉麵店，向那位越南女學生點了A餐，今日的A餐是炸豬排套餐，優惠價新台幣一百二十八元，品川從皮包裡頭拿出一百三十元給這位越南女學生，她收到一百三十元之後馬上從收銀機列印出一張一百二十八元的發票，遞給了品川，並找零兩元，品川收到發票和兩元之後，就將兩元投入一個旁邊寫著「給工作人員飲料錢」的罐子裡頭，當作他們的小費。品川很喜歡光顧這一家日本拉麵店，因爲經濟又實惠。

品川用完午餐，尚差四十五分鐘才到下午一點，就再沿著巷子走進公園旁的一家VWI by CHADWANG冠軍咖啡店。向年輕的服務生點了一杯一百八十元的肯亞水洗中烘焙手沖咖啡；年輕的手沖女咖啡師先秤重後，再將磨好豆子置入濾紙內，接著拿取專業用的熱水壺，來回注入九十度的開水，非常專業的完成這一杯手沖咖啡；在她端給品川之前，自己會先把沖好的咖啡倒一些在小杯子內品嘗一下味道後，再端到品川的位置上，並在桌上擺上一張卡片，卡片上說明這杯手沖咖啡的履歷與口感。

品川坐在VWI咖啡廳的一個角落，品嘗著這一杯咖啡，一開始咖啡味道呈現酸苦的口感，等咖啡稍微降溫之後酸苦的口感不見了，這時咖啡味道就些微的呈現出果香，等品川喝到最後一口時，咖啡就呈現出回甘的口感。

品川在VWI咖啡廳足足坐了四十分鐘，只爲了等待王科長下午一點的來電。

品川提前五分鐘離開VWI咖啡廳，走到事先與王科長約好的「誠安公園」講話，時間已接近下午一點。王科長眞的很準時，下午一點一到，品川馬上就接到王科長用LINE打給他的電話。

「薛先生你好，我是王科長，請問你現在旁邊有沒有人呢？公園人多不多呢？偵查是不能公開的。」

「王科長您好，我現在旁邊沒有人，公園裡的人不多，若您擔心待會公園會有人走動不方便講話，那我就走到附近另外一個比較大的公園，瑠公圳長帶公園，那裡走動的人會比較稀少。」

「走到那個公園會很久嗎？」王科長小心翼翼的問著。

品川也很直接的回答王科長說：「不會很遠。」

—查出中信銀假帳號與玉山銀網銀

品川便一邊走路，一邊與王科長對話，很快就走到這個人煙較稀少的瑠公圳長帶公園。而品川在往瑠公圳公園行走的路途中，王科長問品川說：「你們這次花東之旅，好玩嗎？」

「很不錯，安排得很好，老天爺很眷顧我們，給了我們好天氣。請問王科長有查出嫌疑犯嗎？歹徒有在玉山銀行高雄分行開設我的假帳戶嗎？」

「沒有，**不過有查出你在玉山銀行有開設網路銀行，但在桃園中信銀行桃園分行有查出有人假藉你的名字開設一個假帳戶**。」王科長如此地告訴品川他們查案的結果。

品川聽到王科長這麼一說，馬上回覆說：「沒有呀！我沒有在玉山銀行開過個人帳戶。」

「**但你有在玉山銀行開設過網路銀行**。」王科長也馬上回答品川的回話。

這時品川沉默了一下，腦海中忽然閃出一個記憶：「**對呀！幾年前曾經在台**

北市玉山銀行某家分行開設過網路銀行，但好像我沒有開設成功，就沒有去理會它了。」品川暗自想著，王科長這麼厲害，也查得出來。因著這件事，品川對王科長就格外信任有加。

「王科長謝謝您這段期間查案的辛勞；不過，我有個疑問要請教王科長：『歹徒要到銀行開設新帳戶，必須要有雙證件，以及銀行行員會拍照存證才有可能辦理成功，我很想知道那個歹徒的長相如何？』」品川用感謝及好奇心的口吻如此地請教王科長。

「有可能內神通外鬼，銀行裡面有行員和歹徒串通，也有可能歹徒製作你的假身分證和健保卡矇騙過關。」王科長這樣的回答品川。

「喔！是這樣喔！」

—指定便利商店接收神秘傳真公文

接著王科長有點用神秘的口吻跟品川說：「薛先生，我傳一份資料給你看，你看了就知道原因，請問你附近有沒有便利商店呢？」

「有啊！」

「離你目前位置遠不遠呢？」

「不遠，走路約五分鐘就到。」

「好的，你到便利商店時，告訴我便利商店的傳真號碼，我會傳一份資料給你看，但這份資料不能給別人看到，最好看過之後馬上撕掉。現在我先掛掉電話了，等你到了便利商店時再用LINE打電話給我。」

「好的，王科長！」

品川一邊往便利商店的方向走，內心一邊想著：「有這麼的重要和神秘嗎？」但這時品川的內心是有點緊張和不安的。

品川從瑠公圳長帶公園用快走的步伐，走進忠孝東路三段217巷，那裡有兩間便利商店，一家是全家便利商店，另一家是7-11便利商店。品川觀察這兩家便利商店，發覺7-11空間比較大，比較適合接收傳真資料，也較不容易被陌生人看見，於是走進這一家7-11。

「歡迎光臨，咖啡第二杯半價。」服務人員大聲喊著。

「我要使用你們的傳真機接收一份傳真，請問你們的傳真號碼幾號呢？」

「我來看一下，我店裡的傳真號碼是（02）2711-＊＊＊＊」

「好的，謝謝你。」

這時品川稍微遠離店員，用LINE撥電話給王科長，很小聲地告訴王科長這一家7-11的傳眞號碼。

這時王科長馬上跟品川說：「**我會傳眞兩張資料給你，請注意接收，千萬不要被別人看見。**」

「好的，沒問題。」

沒多久，這一家7-11的傳眞機傳出了兩張公文。LINE通訊軟體那一邊的王科長馬上說：「資料有沒有收到？」

「有收到。」

「**你先慢點看，先結完帳，走到外面再看內容，我再告訴你怎麼處理。但LINE不要掛斷。**」

品川結完帳，有點緊張且快速地走出忠孝東路三段217巷這一家7-11便利商店；但王科長的LINE與品川的LINE是一直連線的。

——當事人已被台北地檢署通緝在案

這時王科長請品川看一下那兩張公文，品川看著那兩張公文，眼睛變得好模糊，心跳得好快，驚慌得沒有細讀內容，眼睛大略的看了這兩張台灣台北地方檢察署的公文，一張寫著品川是「龍華吸金案」的共犯之一，承辦「龍華吸金案」的檢察官是黃敏昌。內文簡述，品川已遭台灣台北地方檢察署通緝在案中，須於六月二十七日到地檢署報到說明原因；另一張公文寫著：「因六月二十七日品川未到地檢署到案說明原因，本人薛品川須於九月二十七日之前到地檢署報到，並說明原因，否則要查封品川所有名下財產。」

品川看到那兩張公文，內心非常慌張與懼怕，不知如何是好？但品川馬上安靜自己的情緒，外表顯露泰然自若，看不出驚慌和焦慮的樣子。品川保持冷靜的樣子，外人是看不出品川內心極度緊張與恐懼的模樣。

品川再次定睛看了一下那兩張公文內容，上面寫的「龍華吸金案」共犯，姓名、出生年月日、身分證字號完全正確，只是收信地址不正確，收信地址是寫：「桃園市某個地址。」

—看過公文立即撕掉，詢問地檢署立即收押

這時品川看了這兩張台灣台北地方檢察署的公文，當下腦筋一片空白，而內心卻是極度緊張，在眼睛看著公文的同時，內心提起勇氣地開口問起王科長說：「我又不住在桃園，地檢署寄來的公文怎麼可能會收得到呢？是不是作案歹徒把我的通訊地址故意設在桃園呢？讓我收不到信件，而由他們在那裡收信的呢？」

王科長聽了品川的問話不加思索地說：「**就是因爲你的個資被盜用，歹徒把你的通訊地址寫在桃園市這個地址。」「還有，薛先生當你看過這兩份台灣台北地方檢察署的公文之後，請馬上撕掉，表示你不知道此事，也不要親自去地檢署詢問此事，若你去地檢署馬上會被警察收押。」**

品川聽到王科長這麼一說，本來要保存公文的想法，突然一緊張加上恐懼竟馬上把兩份公文撕得破碎，放進自己的背包內。

—向檢察官請求分案辦理以保護自己

王科長接著在LINE通訊軟體的電話中又對品川如此說：「**我的金融犯罪查案到此告一段落，接著準備要將你的案件移轉至台灣台北地方檢署黃敏昌檢察官**

繼續辦理此案。明天早上，我會從高雄搭高鐵至台北將你的錄音檔及LINE內容移轉給黃敏昌檢察官，請黃檢察官繼續辦理此案。建議薛先生，要向黃檢察官求情，請求黃檢察官『分案辦理』，這樣才能保護你，不然若在地檢署審理問案時，其他共犯會一口咬定你是作案主謀，到時候你就更難辯解。明天要記得跟黃檢察官求情，請求黃檢察官『分案辦理』，但不要跟黃檢察官說是我建議的。」

「好的，我會跟黃檢察官求情，請黃檢察官『分案辦理』。」

「明天，你有要事要辦理嗎？」

「沒有。」

「你太太有上班嗎？」

「有上班。」

「好的，明天上午九點見。」

品川看到自己被陷害成爲「龍華吸金案共犯」這件事，內心極爲恐懼、不安，以及不解。在離開公司走路到捷運新生站搭捷運回淡水的路程中，一路上一直思索著此事，帶著沮喪與恐懼的心情，內心問自己說：**「要如何處理此事才能化解危機呢？」**

品川回到家，愈想愈不對勁，即刻想把撕掉的那兩張王科長傳給他的地檢署公文，準備從背包重新再拿出來細讀，可是早已被品川撕成一堆碎紙，品川試著想把這一堆碎紙重新拼圖起來，還原出整份公文，以找出歹徒的通信和收信地址。接著再使用Google軟體去Google出歹徒桃園的居住社區，然後自身過去尋找作案足跡。由於**品川把這兩張公文撕了太零碎了，品川拚了老半天，內心又緊張，兩手又發抖，根本拼不出整張公文來，這時品川已失去耐性去完成它，最後乾脆放棄。**

到了晚上阿桂回到家，品川已煮好晚餐，今晚吃的是泡麵加蛋加高麗菜，品川把煮好的泡麵盛到大碗公裡，端上餐桌，邀請阿桂一起享用晚餐。品川依舊信守「偵查不公開」的承諾，在老婆大人阿桂面前仍舊保持歡喜的一面。可是品川的內心是極度的恐慌的。

—王科長安慰當事人危機即是轉機

品川爲了再次確認阿桂明天是否有上班，在一邊用餐的同時，一邊問阿桂說：「你明天幾點的班呢？」阿桂說：「明天公司臨時派我下午一點到板橋開會，早上會在家裡，大約十二點左右出門。」

品川得知阿桂明天上午可能待在家裡，下午一點才會出門到板橋開會，於是趕緊用LINE寫信給王科長說：「我太太臨時跟我說，明天下午一點她要到板橋開會，上午有可能會待在家裡。因此，保險起見，明天上午九點的通話能否改用手機通話呢？我會選在社區一樓的中庭花園與您通話，社區中庭很大，應該很安全。」

品川在LINE上所寫的改變通訊方式的內容，王科長沒有馬上回覆，品川認爲此事很重要，馬上用LINE撥電話給王科長。但王科長沒有接聽到。

約莫過了三分鐘，王科長在LINE上回覆說：「我這邊訊號不好」、「我有看到」、「你先不用急」、「我來處理」，「反正原則上來說時間並沒有改變」、「只是通訊方式作變更而已。」

「好的，感謝您了！」

「通訊方式變更，這個我明天早上直接申請就可以。」

「Thanks！」

「至於地點的部分只要你確定周邊環境沒有問題就可以了。」

「OK！」

「假如過程中有鄰居經過，你提前跟我反應，並且保持跟鄰居正常打招呼這都是可以的」、「正常情況下我們不會去打擾鄰居通話」、「所以這你也不用擔心」、「保持平常心面對就可以了，不用給自己太大的壓力。」

「沒問題，謝謝您的提示。」

接著王科長又說：「相信我的專業能力」、「那你早點休息」、「養好精神。」

品川聽到王科長這麼一說，非常感謝地說：「也要感謝您的用心，發掘問題，讓危機能順利化解。」

王科長看到品川這麼說，也很客氣地說：「這算什麼危機，小事情」、「更何況危機就是轉機」、「而且問題是用來解決的，不是給我們煩惱的。機會，科長我盡力來替你爭取，就看你這花朵這一次能否在原野上綻放了。」

王科長後面寫的那句話，很像品川在LINE中寫的那句座右銘，「與其當枯木，倒不如做開在原野的花朵」，已深深觸動了品川的內心。

這時品川對王科長的辦案更具信心了！

品川接續著王科長的話說：「是的，危機就是轉機，但也要感謝您事前發現問題。」王科長沒有接續品川的話回覆，就此打住的說：「早點休息，我把手邊一些公文批完我也要準備回去準備你明天的相關事宜。」

品川看到王科長這麼忙，趕緊回覆說：「辛苦了，令人感動！晚安，明天九點電話中見。」王科長也回覆品川說：「OK！」

品川與王科長的對話終於告一段落，本來品川以爲王科長已找到眞正僞造證件的歹徒，一直想要爲此事向上帝做美好的見證，但萬萬沒想到自己卻變成一位被涉入一宗金融犯罪案—「龍華吸金案」的共犯之一。

晚上十點左右阿桂已上床睡覺了，品川趁著阿桂上床睡覺的時候獨自一人在床頭上安靜、默默地向上帝禱告：「親愛的主耶穌基督，孩子遇到歹徒做假證件在中信銀行桃園分行用孩子的名義開戶，做爲『龍華吸金案』的共犯戶頭，目前台灣台北地方檢署黃敏昌檢察官已在辦理此案，請求聖靈幫助黃敏昌檢察官早日查清此案，把主謀找出來，還給孩子清白，以及讓其他人不至於受害，也期望黃檢察官同意讓孩子『分案辦理』，不受其他共犯的誣告，這樣禱告感謝，乃奉主耶穌基督的聖名求，阿們！」

品川禱告之後，內心較爲平靜，就安穩地進入夢鄉。

九月十五日這一天對品川來說，可說是又沮喪、又失望的一天，但他的外表並沒有表露出來。僅期望上帝能保守看顧此事件，保佑黃敏昌檢察官能順利找到歹徒，還給品川一個清白。

三、愚蠢的人愚昧終究是愚昧

眞實的見證人，救人性命；詭詐的見證人，口吐謊言——《聖經．箴言》

你們要當心，免得有人用空虛騙人的話把你們擄去——《聖經．歌羅西書》

1. 報案及問話錄音檔移交檢察官偵辦

來到九月十六日（星期五）的早上，品川早已起床準備好早餐，走到主臥室門前叫阿桂起床一起享用早餐，品川與阿桂這對夫妻在餐桌上一邊聽YouTube裡頭的牧師講道，一邊品嘗香濃的咖啡、麵包與水果。共進早餐的甜蜜時光總是過得特別地快，品川與阿桂用完早餐大約是早上的六點半左右。若時間允許，他們經常相約到社區外圍的公司田溪，沿著兩岸步道來回健走，健走半個小時大約五千多步。

而這條公司田溪發源於大屯山，俗稱北投溪，其名稱的由來，相傳為荷蘭東印度公司為供應淡水與基隆守軍物資所開闢遺留的，也因為屬於荷蘭東印度公司所開闢的田。因此，將此溪命名為公司田溪。目前這條公司田溪蜿蜒地流經整個淡海新市鎮，因沿岸生長許多原生種天然植物，以及區公所栽種的樹木，這條溪已增添淡海新市鎮許多天然美景，像是上帝在淡海新市鎮用美麗的畫筆畫上一道綠色緞帶一樣，注入淡海新市鎮一個新的生命。

阿桂也經常夢想淡水區公所能夠利用假日在這條溪的兩岸舉辦相關有特色的活動，以展現淡水在地文化及公司田溪的魅力。

品川與阿桂在公司田溪兩邊來回健走了約一個小時，已是全身汗流浹背，品川回家快速的沖個澡已快接近上午八點鐘，就跟阿桂說，他要拿垃圾到社區的垃圾儲藏間倒垃圾。其實，品川這麼做，內心就是一直掛念著一件事，也是要等王科長的信息，看看王科長有沒有在LINE中傳信息過來。

約莫到了上午八點五分，品川看到王科長寫來的信息說：「早，我已經幫你申請好變更通訊的方式了」、「然後我先確定一下，如果你在你社區的中庭的話，太太出門會不會遇到你呢？」

「不會，我會選擇在社區另外一棟接聽您的電話，因社區很大，中庭有七千多坪。」品川在LINE中寫信向王科長保證。王科長在LINE中看到品川的信息後回覆說：「了解，那我知道了」、「九點我準時跟你聯絡。」

品川倒完垃圾，回到家中，爲著下午台灣台北地檢署黃敏昌檢察官的問案，當日就沒有到台北市太平洋房屋上班，就跟阿桂撒個謊說：「下午有事要處理，今天早上會待在家裡。」阿桂非常信任品川所說的話，也沒有問他什麼事。

—搭高鐵北上將案子轉交檢察官續辦

品川看著手機上的時間再差十分鐘就九點了，也沒有跟阿桂說，就一個人靜靜地走出房門，來到社區一個偏僻的角落坐著，等待王科長的來電。

品川一直看著手機的時間，很緊張又期待，這時九點已到，約莫過了一分鐘，品川的手機響了，**電話號碼顯**+886 2 7707**＊＊＊的號碼**，**品川的腦筋並**

沒有意識到這通電話的區域碼不是（07）。品川很緊張的接聽這一通電話，但王科長沒有等品川說話，便在電話中馬上說：

「早，我是王科長，上午九點半左右，我會從高雄搭高鐵北上，把你報案及問話內容的錄音檔，以及寫在LINE裡頭的內容要轉交給黃敏昌檢察官，我現在已準備搭高鐵北上，以後這個案子就交由黃敏昌檢察官繼續辦理，以及由他來跟你聯繫。你一定要記得，請求黃檢察官『分案辦理』，這對你比較有保障，而我已跟黃檢察官說，下午三點你會在家中等他的電話。」

—檢察官首句問話「家中有其他人在嗎？」

王科長在電話中不斷地苦口婆心跟品川說：「這樣我跟你約下午三點，你在家裡等電話，黃敏昌檢察官會撥家裡的市內電話給你。要記得，偵查不公開，不得跟其他人，包括家人在內，說明案情，免得影響檢察官辦案，不然檢察官會不同意你的『分案辦理』，還有疫情期間要多注意防疫。」

品川與王科長說完話，內心有點緊張，這是品川第一次遇到此種事，也第一次要面對檢察官問話，當然內心會很緊張。

到了當天下午差五分鐘就三點，品川的LINE裡頭傳來一個信息：「你好，我是黃敏昌。」品川也傳了一個信息給黃敏昌檢察官：「您好，下午三點在家中等您的電話。」

到了當天下午三點，黃敏昌檢察官很準時的撥市內電話到品川的家中。這時品川只管接聽電話，已忽視黃檢察官打來的電話所顯示的號碼。

品川拿起電話筒，第一句話就聽到對方說：「我是黃敏昌。」

「黃檢察官您好，我是品川。」黃檢察官接著說：「請問家中有其他人在嗎？」

「家中只有我在。」

「怎麼會有椅子聲音？」

「是我拉椅子的聲音。」

「你知道偵查是不能公開的？」

「我知道。」

─疫情期間用LINE詢問案情、用電話辦案

「薛先生，**疫情期間爲了防疫，需分流上班，檢座選擇用LINE詢問案情，用電話辦案**。我已看了王科長給我的資料，你的銀行存簿太多了，以後只要歸併成幾家銀行的存簿即可，而且你的保險單也太多了。」

「是的，不過，我每本銀行存簿各有不同的使用功能，還有我的銀行保險，大都是儲蓄險。」

「我還是建議你存簿不要那麼多，歸併成幾家銀行就可以了。」

品川不想做太多的解釋，只好應付一下說：「是的。」

「**聽說你以前在國安局上班？**」黃檢察官接著說。

「是的。」

「**我以前當兵的時候也在國安局當兵，在安康那個單位。**」

「喔！不簡單耶，都要身家調查沒問題才能到國安單位當兵。」品川讚美的說著。

——檢察官用「分案辦理」當釣餌

「對了，有關我被歹徒陷害成爲『龍華吸金案』的共犯，請問黃檢察官能否『分案辦理』呢？」

「能不能『分案辦理』，我還要向我的主任檢察官報告，問主任檢察官准或不准。雖然你以前在國安單位上班，但不能因爲這樣就要給予特權。」

「我不可能爲了自己的前途去做這種傷天害理的事，請求黃檢察官能『分案辦理』。」「請問是誰教你要『分案辦理』的呢？」

品川腦海停頓了一下，因爲王科長有交代不能說「分案辦理」是他建議的，不過品川爲了向黃檢察官求情，還是說了：「是王科長給我建議的。」

「王科長這樣建議你的喔！不過，能不能『分案辦理』，我必須寫一份報告給主任檢察官，由他來定奪。」

「那就麻煩黃檢察官了。」

「聽王科長說，你每星期一和星期四上午都要開會，還有這個星期六你要下高雄簽房子買賣契約。那麼下星期一你就先上班，我下星期二提案審理『龍華吸金案』時，再向你提問幾個問題。」

「是的，我們公司規定每星期一及星期四上午九點五十分開會，還有這個星期六下午兩點要到高雄簽房子買賣契約，也希望黃檢察官能幫我『分案辦理』。」

「好的，以上對話紀錄留檔備案備查，請出行注意安全，注意防疫。」

「會的，感謝您的關心！」

—遷戶籍為防止個資再被盜用

品川爲了赴九月十七日（星期六）下午兩點楠梓房子的買賣簽約，一早就搭高鐵南下到高雄，品川坐在高鐵上睡也睡不著覺，思緒總被「龍華吸金案」給纏繞住，一直閉著眼睛思索著，「爲什麼我的個資會外流呢？是誰洩漏的呢？是不是戶籍設在高雄有關呢？要不要把戶籍遷回台北呢？」

品川左思右想之後，就在LINE上寫信給黃敏昌檢察官說：「黃檢察官您好，爲了防止個資再被盜用，請問我把高雄的戶籍轉到新北市可以嗎？會否影響您的蒐證和辦案呢？」

黃檢察官一直沒有看品川在LINE中寫的這些內容，品川不放心也一直審視LINE的內容，看看黃檢察官是否已讀。這樣就一直等到星期日的早上八點三十六分，品川才在LINE中看到黃檢察官的回信說：「不會影響。」

品川看見黃檢察官的回信，心裡就踏實許多，決定回台北之後，趕快去辦理戶籍移轉登記。品川眞的很擔心他的個資被歹徒盜用來作案，因此回台北之後，就跟品川住在高雄的大哥說：「我的個資已被盜用，戶籍想要轉回新北市。」品川問他大哥可不可以移轉。

品川會這樣問他大哥，是因爲十幾年前品川的大哥自行創業，公司註冊地址就設在高雄老家。因母親是老農夫退休，每月有請領老農月退金，戶籍設在居住已有五十幾年的二層樓房子。若品川大哥在高雄老家註冊登記公司，品川母親的老農月退金就會被政府取消，必須將老家分成兩戶，公司登記在一樓，母親的戶籍必須登記在二樓，而且必須將品川的戶籍與母親登記在同一戶，這樣品川的母親才能繼續按月請領老農月退金。

但兩年前品川已聽他大哥說過：「他的公司已不營業了，身分已改爲農民，母親年紀大了農保已不用繳了，已申請母親與他同一戶籍了。」就是因爲品川知道他哥哥說過這一件事，才會打電話詢問他大哥說：「我的戶籍可不可以轉回新北市呢？」若可行，品川將戶籍移轉到新北市，就不會影響到他母親按月請領老農月退金的權利，而品川自己認爲這樣做，也較能防止他的個資再次被歹徒盜用了。

2. 請求檢察官分案審理「龍華吸金案」

九月十九日是星期一的關係，品川公司早上固定要開會，黃檢察官就與品川約九月二十日上午八點三十分審理「龍華吸金案」。由於全球及台灣疫情嚴峻關係，黃檢察官審理案情，地點仍舊選在品川家中進行。

早上八點三十分一到，品川已在餐桌上等黃檢察官的來電，大約過了兩分鐘，品川家中的市內電話響起，品川拿起電話筒，很有禮貌的說：「黃檢察官您好，我是品川。」

「我是黃敏昌。」黃檢察官馬上在電話中斥責品川說：「以後拿起電話筒，不要馬上說黃檢察官您好，不是每一通電話都是我打的，以後要這樣說，我是品川，請問找誰？」品川怕黃檢察官不高興，會影響黃檢察官對他的印象，馬上低聲下氣地說：「是的，以後改進。」

黃檢察官斥責品川之後便開始審理「龍華吸金案」說：「你涉及『龍華吸金案』，你是否知情？」

「報告黃檢察官，我完全不知情，若不是王科長告知，我眞的不知道，連地檢署發文到桃園的公文，我又不住在桃園怎能收得到呢？況且我又沒有參與犯案，懇求黃檢察官能分案辦理，還我清白。」

—為釐清案情銀行帳戶均需被金融監管

「不管你眞的不知情，還是假的不知情，必須調查之後才能還你清白。有關於是否能『分案辦理』，我已經向主任檢察官提出申請，也不會因你以前在國安單位上班，就會給你特別核准；分案辦理會不會核准，待會主任檢察官才會批示下來。爲了釐清案情，你的所有銀行帳戶均需要被金融監管。」

「我不可能做這種事，一定是被別人所陷害，請求黃檢察官能給予『分案辦理』，並且早日查出背後主使著，還我清白。」

「我現在要開始辦案，要對你的所有銀行帳戶，從事金融監管，我會給你一個監管帳戶，這是我們向金管局申請核准的帳戶，我們只要從你所有的銀行帳戶中抽樣監管一半以上的銀行帳戶即可，被抽中要被監管的這些帳戶，各提存五到六成的存款金額匯款到這個金管局核准的監管帳戶裡頭，等審查這些帳戶沒有可疑資金進出之後，我會將這些監管的金額再歸還給你。」

——向金管局申請合法監管帳號

接著黃檢察官又對品川說：「為了要對你做金融監管，待會麻煩你到中國信託申請一個約定轉帳帳戶，這個帳戶是我們向金管局申請辦案用的帳戶，現在麻煩你把這個金融監管帳戶用筆記下來。」

銀行：中國信託員林分行

戶名：劉凱玲

帳號：3255 4055 1503

這時品川對監管銀行選在中國信託的員林分行覺得很奇怪，品川很直白的問黃檢察官說：「中國信託銀行怎麼會是員林分行，而不是台北市的分行呢？」

黃檢察官不急不徐地回答說：「**這是我們跟金管局申請核准的金管帳號，我們監管科的人員是劉凱玲小姐。**」

品川一聽完黃檢察官的回答，當下是有點半信半疑，但品川還是選擇相信黃檢察官的說詞，**因爲黃檢察官的職務是檢察官的關係，檢察官說的話是不會騙人的。**

—收到地檢署分案調查監管執行書

品川繼續在家裡的市內電話中接受黃檢察官的審案，約莫到了十點半左右，黃檢察官向品川說：「你申請分案辦理的公文，主任檢察官已核准，我拍照傳在LINE上，你看一下。」

品川看到黃檢察官傳來核准的分案辦理公文，內容是這樣寫的：

台灣台北地方法院檢察署分案調查監管執行書

股別：地（股） 110（年度） 北檢（字） 第0098613號

地址：彰化縣員林市中正路372號

執行方式：依裁定轉入指定帳戶

行別：中國信託商業銀行分行別：員林分行帳號：325540551503

注意事項：

一、當事人因違反《銀行法》第109條第三項《洗錢防制法》（掩飾或隱匿自己重大犯罪所物或財產上利益者，掩飾、收受、搬運、寄藏、故買或假保他人因重大犯罪所得財物或財產上利益者），求懲三年以上七年以下有期徒刑，《金融秩序法》第119條第四項非法擾亂金融秩序及《刑法》第201條之一僞造變造行使支付工具罪，意圖供行使之用者求懲一年以上七年以下有期徒刑，本署將於第一次開庭將其名下資產，執行調查監管。

二、當事人因(1)未主動向本署到案說明

(2)個人金融帳戶疑似犯罪洗錢情況

(3)未主動配合本署進行案件秘密蒐證及調查

三、當事人必須配合將其名下資金按裁定估算比例，接受本署調查資金往來及其來源，並確實遵守偵查不公開之最高保密原則。

書記官；康敏郎

檢察官；黃敏昌

中華民國111年9月20日

3. 檢察官指示挑選五成銀行帳號接受監管

黃檢察官傳來地檢署核准之分案辦理公文之後，就在電話中告訴品川說：「薛先生你是『龍華吸金案』的共犯之一，現在主任檢察官已同意你的分案調查申請，爲了釐清案情，必須監管你個人的銀行存款與保險資金是否有不法所得，你的銀行帳戶太多了，保險也很多，檢座現在要從你的所有的銀行帳戶中挑選幾家銀行帳號做監管，至少一半左右的銀行帳號，並且這些被監管的銀行帳號必須提存六成現金到這個中國信託員林分行的監管帳號裡頭接受調查。」

—在中信銀網銀開設金融監管約定帳號

接著黃檢察官又說：「請問薛先生你有中國信託網路銀行帳戶，你可以在你的中國信託網路銀行裡頭開設這個金融監管帳號嗎？」

「我來試看看。」品川回答道。

品川試著在他的中國信託銀行開設這個黃檢察官指定的金融監管約定帳號，但無法開設成功，只能開設一般的轉帳帳號，因一般的轉帳帳號，每天的轉帳金額有限，且每月轉帳金額不能超過五十萬。

品川嘗試開設約定轉帳帳號失敗，就在電話中跟黃檢察官說：「無法開設約定轉帳帳號，只能開設一般轉帳帳號。」

「薛先生你要不要再試試看呢？」品川再試一次，回覆黃檢察官說：「仍然沒有成功。」

「這個金融監管帳號是我們向金管局申請用來辦案的帳號，若你的中國信託網銀無法開設約定轉帳帳號，要麻煩你走一趟到中國信託銀行淡水分行辦理，你在辦理時，銀行行員若問你，爲何要申請這個約定轉帳帳號，你就跟他們說，是做不動產約定轉帳之用。」黃檢察官語帶緊張的口吻如此說著。

緊接著黃檢察官又說：「現在麻煩你馬上到中國信託銀行淡水分行開設這個約定轉帳帳號，開設好了請拍照傳給檢座知悉。」

「好的，黃檢察官我馬上過去。」

「請問你騎車到中國信託淡水分行大約要多久呢？」

「大約十二分鐘左右，檢座，我現在就出門辦理此事。」

「出門要注意防疫，注意安全。」

「會的，謝謝您的關心。」

緊接著黃檢察官馬上在LINE裡頭寫上：「以上對話紀錄留檔備案備查。」

品川一抵達中國信託淡水分行，馬上在LINE中回報：「已抵達中國信託淡水分行」、「正填寫預約轉帳帳號申請書。」

—對分案調查監管執行書提出異議

然而，品川在中國信託淡水分行等候辦理的時候，一邊思索著那份「分案辦理」的公文內容，覺得黃檢察官寫得很不妥，有點置品川於不義，品川便在LINE中申訴說：「因本人對此事件事前無所知悉，俟事後知道被歹徒利用，即完全主動配合貴署辦案，沒有不主動配合之理由。因此，分案調查監管執行書第二項，當事人因未主動向本署到案說明、個人金融帳戶疑似犯罪洗錢情況，以及未主動配合本署進行案件秘密蒐證及調查等三點應不成立。」

—銀行行員稱約定帳號為詐騙帳號

品川在LINE中寫上「對分案調查監管執行書提出異議」這段話，並沒有馬上看到黃檢察官在LINE中回覆品川的異議。這時候中國信託淡水分行的行員喊叫號碼，是輪到品川辦理銀行業務的號碼。品川一到窗口，向行員點個頭，隨即把「申請金融監管帳號」的表單交給銀行行員辦理，銀行行員收到申請的表單之後，馬上在電腦上作業；銀行行員一邊作業，一邊臉色凝重地看著品川說：「**薛先生，這個帳號是詐騙帳號，很多人把錢匯進這個帳號，錢會領不出來的，千萬不要申請這個約定轉帳帳號**。」

銀行行員並再次詢問品川說：「你與這個要叫你申請約定轉帳帳號的這個人的關係如何？很熟悉嗎？」

品川怕影響檢察官辦案，並沒有誠實回答銀行行員的問話，就照著黃檢察官的叮嚀，應付的回答說：「是做不動產認識的。」這句話是黃檢察官為了辦案教導品川這樣說的。

銀行行員接著詢問品川說：「**要不要叫警察來處理呢？**」品川回答說：「不用。」銀行行員再次叮嚀品川說：「千萬不要轉帳到此帳號，建議你取消。」品川聽銀行行員如此建議，不敢向銀行行員多說一句話，深怕影響黃檢察官的辦案及偵查不公開的承諾，內心有點不情願的取消辦理了。

行員不履行當事人反向檢察官告狀

可是品川在騎車回家的路上，一直從頭想著警察處理的過程，也一直推敲**整體案件檢察官辦理的流程，認為這個帳號應該是檢察官用來監管金融犯罪的帳號，而不會是詐騙集團用來作為詐騙的帳號。**

品川一路想著……想著……，內心反而對中國信託銀行的行員不讓他辦理申請「約定轉帳帳號」這件事感到非常不諒解，認為行員是在破壞檢察官辦案，以及使他無法獲得清白，決定把無法辦理申請「約定轉帳帳號」這件事「一五一十」地寫在LINE裡頭向黃檢察官報告。

黃檢察官約莫過了五分鐘才讀取品川寫給他的回報內容後，回覆品川說：「檢座馬上反映此情況，你請等候下午一點的通知。」時間約莫經過了七分鐘之後，黃檢察官在LINE裡頭又寫上「以上對話紀錄留檔備案備查」這幾句話。

檢察官傳動態對話證明非詐騙帳號

到了中午十二點七分，黃檢察官突然傳一個動態影片到品川的LINE中，品川打開一看，是一項動態帳戶。

品川完全看不懂內容，只是看到一個錄製的動態影片，便在LINE中寫道：

「內容看不清楚，也看不懂。」

這時黃檢察官即刻在LINE中回覆說：「監管科的回應，帳戶正常。應該是中國信託金融單位預防詐騙的宣導，不然不會用建議兩字來取消宣導，只要是警示帳戶是不會有任何約定能成立的情況」、**「視頻是監管科劉凱玲小姐劉專員登入網銀與中國信託客服人員的對話內容。」**

「不過，中國信託的電腦顯示此為問題帳號，已有多人被詐騙。」

「行員有把電腦畫面呈現給你本人看過嗎？還是口述？」

「行員有印一張報表出來，了解情況後向我說，千萬別上當，這是詐騙帳號，叫我一定不要受騙，錢一旦轉入此帳號，就拿不回來。我問行員，報表可以帶走嗎？行員說不行」、「行員就當場將申請表及那張報表在我面前撕掉，叫我千萬別上當。」

—對金融監管帳戶設在員林提出質疑

這時品川又看著LINE中那張公文愈想愈不對勁，又在LINE上向黃檢察官吐苦水說：「我被陷害，完全不知道我是『龍華吸金案』的共犯，且已經配合辦理查案，怎會違反《銀行法》的109條第三項《洗錢防制法》呢？」

黃檢察官看到品川在LINE中發牢騷，馬上回覆品川說：「檢座下午一點的時候與你電話聯繫時會清楚說明相關的條文條例，你也稍安勿躁。」緊接著又在LINE中寫上這句話：「以上對話紀錄留檔備案備查。」

然而，品川的氣未消，又在LINE中寫道：「另有一**疑點，這個中信銀詐騙帳戶案子發生在桃園，監管帳戶怎會是寫員林地址呢？**」「**純粹是申請的監管帳戶，這是銀行地址**」、「請問薛先生你回到家中了嗎？」黃檢察官很快速地在LINE裡頭回覆。

「已在家中。」

接著黃檢察官又在LINE中寫道：「你先行用餐，我下午一點聯絡你，還是現在已用餐結束？」

品川在當時的情況也無心享用午餐，內心只想到趕緊查明案情，還給他清白。但看到黃檢察官在LINE裡頭的回話，品川也馬上寫到：「已經方便接電話了。」緊接著黃檢察官又在LINE中寫上這句話：「以上對話紀錄留檔備案備查。」

4. 查證有人假借黃敏昌檢察官從事詐騙

品川在家中等候黃檢察官下午一點來電的空檔時間，他拿起手機Google台灣台北地檢署有沒有黃敏昌檢察官這個人，卻Google出好幾位優秀檢察官的名字，但當中看不到黃敏昌這個名字。

於是品川自我合理的推敲：「有可能黃敏昌檢察官是位年輕的檢察官，還在歷練當中，所以知名度還不夠。」緊接著品川又單獨**Google黃敏昌檢察官的名字，有查到一則新聞，有人利用黃敏昌檢察官的名字從事詐騙**。品川因爲來回騎車奔波，身體有點累，眼睛也有點疲勞，只看這則新聞的標題，沒有進一步點閱進去閱讀內容。**品川就自己合理的推敲：「有人假借黃敏昌檢察官的名義從事詐騙，顯然黃敏昌這位檢察官是眞有其人。」**

此時品川在家中的餐桌前爲此事件再次向上帝禱告說：「親愛的上帝，願祢加添黃檢察官的辦案能力，早日查出背後犯罪集團的主謀者，不要讓更多善良老百姓受害及受騙，也儘早查明案情，不受冤屈，早日還給孩子清白，這樣禱告乃奉主耶穌基督的聖名祈求，阿們！」

品川向上帝禱告之後，內心覺得平靜許多，就完全配合黃檢察官的辦案流程，期望黃檢察官早日查明案情，還給品川清白。

5. 慣性思維來自於一樁間諜案

黃檢察官要求品川開設銀行約定轉帳帳號，理由很簡單，就是懷疑品川是「龍華吸金案」的共犯之一，為了進行分案調查，必須先了解品川的銀行存款是否有不法所得。其實，品川是有點不想配合黃檢察官調查銀行存款相關事宜，但品川為了配合查案，有了自己的思維和看法。

第一個思維是，品川只希望藉由配合檢察官的調查，早日還他清白。另一個思維是，品川想起二〇一七年時，曾接受屏東市調查站的調查，原因主要是：

品川的軍校同學藍先生在二〇〇二年退伍後，就到大陸經商，因經不起女色誘惑，被中共情報機關吸收成爲中共間諜。二〇〇三年至二〇一二年期間，藍先生每次回台灣，一定會撥打電話給還在軍中服務的同學，尤其最喜歡打電話給還在國安局、軍情局，及國防部服務的同學，並單獨邀請他們一起吃飯聚餐。至於藍先生取得電話來源，則來自於同學會的通訊名冊。

由於品川在國安局工作的關係，很少參加軍校同學的聚會，同學也很少跟品川聯繫，唯獨藍先生最熱情，每次回台灣都會打電話給品川，邀品川吃飯聊天，但品川總是以工作忙碌爲由，拒絕答應藍先生的邀約。

二〇〇八年九月美國發生金融海嘯，品川爲了寫一篇報告給政府層峰參考，想到誠品書店尋找靈感與創見，恰巧藍先打電話來問候，說他已回台灣，有空想跟品川聚個餐，品川這時認爲，同學既然如此熱情，又難得從大陸回台灣休假，這次就答應了藍先生的邀約。不過，品川爲了不影響他逛誠品書店的時間，主動約藍先生下午兩點半到誠品書店台北站前店（按：該店二〇二三年元月已停業）的星巴克碰面，一起喝咖啡聊是非。

藍先生一到誠品書店站前店的星巴克咖啡廳，眼睛掃描咖啡廳室內一下，看到品川已坐在咖啡廳裡頭一個角落的兩人座位置在那等他。藍先生走到座位旁伸出雙手向品川握手致意說：「同學好久不見。」

「是的，好久不見。」

簡單寒暄之後，品川問藍先生說：「同學想喝什麼咖啡呢？要不要兩杯美式咖啡，兩份蛋糕，我請客。」

「好的，可行。謝謝，讓你破費了。」

閒聊沒多久藍先生問品川說：「同學，有名片呢？給一張吧！」

「對不起，我們單位是不准印名片的，若外面有人拿國安局的名片給你，那是騙人的。對了，你在哪一家台商公司上班呢？有沒有名片送給同學一張呢？」

品川回答藍先生的問話。

「哎呀！不是什麼大公司啦！我回台灣，忘了帶名片，等一會兒我介紹我朋友讓你認識。」

品川聽到藍先生這樣回話，內心就開始築起圍牆，覺得不太對勁，喝完咖啡、吃完蛋糕之後，轉身跟藍先生說：「同學我還有重要事情要處理，很不好意思，我先行離開，待會你朋友來我就不見了。」

品川回到家之後，馬上跟阿桂說：「以後有位藍先生打電話說要找我，妳就說，我有事不方便接電話。藍先生是我軍校同學，但不同班，他是企管系，在學校很少有交往，退伍後在大陸經商，每次回台灣一定打電話給我，邀我吃飯，我覺得這位藍先生怪怪的，問他在哪個台商公司上班，也講不出來，若是做情報員未免太也沒Sense了。我研判有可能已被中共情報單位吸收了，專門做台灣的國安與軍事情報。」

品川不喜歡自己找麻煩，也不想再跟藍先生有任何接觸，隔一個星期之後，品川就更換了手機號碼了。

二〇一七年的初夏，品川看到報紙報導一則共諜案，赫然發現藍先生的名字就在報紙第一版。看到這則新聞報導，品川爲藍同學感到婉惜，但也顯示當時品川的研判是正確的。

不過，這則共諜案新聞過了不到三個月，大約在二〇一七年的初秋，品川就接到調查局屏東調查站，以及高雄地方法院寄來的「傳喚證人」公文。文中指出，品川必須在某月某日到屏東調查站，以及高雄地方法院接受有關「藍先生共諜案」的偵訊與調查。

—調查站查資金流向與出國紀錄

品川如期拿著公文搭高鐵，轉搭計程車到調查局屏東調查站報到，一到屏東調查站，工作人員詢問品川緣由，就帶領他走進調查站裡頭的偵訊室。品川走進偵訊室，看見調查站的科員早已向匯豐、花旗等多家銀行申請調出品川個人的所有帳戶資金流向，以及向境管局申請調出品川個人出國的各項紀錄。這兩項準備用來偵訊的紙本高度，應該有五本書，每本一百八十頁的高度這麼厚，竟擺放在偵訊室的辦公桌上。

品川會成爲可疑嫌犯被屏東調查站偵訊，主要是跟品川曾經接過藍先生打給他的電話，以及跟藍先生在誠品書局站前店的星巴克咖啡廳見過一次面有關係。

當天調查員偵訊品川是否涉入「藍先生共謀案」，偵訊時間從早上九點半偵訊到下午四點二十分才偵查完畢。其中，有休息一小時用午餐；從調查員所準備鉅細靡遺的詢問資料與問題，是眞的有備而來。而**調查員認爲品川的資金流向有兩項疑點：一項是匯款到美國的資金，一項是匯款到日本的資金。另一個懷疑事情則是，品川出國次數怎那麼頻繁。**

品川面對調查員所提出的問題，爲釐清事情原委與眞相，品川「一五一十」

分析並向調查員報告說：「匯到美國的資金是品川就讀博士班的學費，匯到日本的資金是品川匯給在日本留學女兒的學費與生活費。」至於在香港轉機，以及到過許多國家的出國紀錄，品川也如實告訴調查員說：「**我在國安局服務期間，所有出國的行程均需向國安局報備及核准，被核准出國的公文，國安局會以正式公文傳遞給境管局知悉，我才能出境走出國門。**」

調查局調查員聽完品川的答覆，內心也恍然大悟，原來國安局官員出國都必須經過核准才能踏出國門。

—當證人接受高雄地方法院法官的審問

當天下午品川在屏東調查站接受偵訊完畢之後，已是下午四點三十分，接著便與屏東調查站的調查員一起搭乘公務專車到高雄地方法院，再一次接受法官的偵訊。

品川抵達高雄地方法院，在法庭外面等候時，竟然遇見好幾位過去曾在軍情局服務的同學，品川問他們說：「你們也是爲藍同學的共諜案來此接受偵訊的嗎？」大家一笑置之，並同聲說：「我們被這位藍同學給害慘了，只接到他打來的電話，也沒跟他見過面，就成爲嫌疑犯，被傳喚當證人。」

品川在屏東與高雄兩地經過一整天的交叉比對的偵訊之後，調查員與法官終於釐清案情的來龍去脈。品川在刑事庭中很生氣地在法官面前說了一句話：「我從未見過如此Low的中共情報員，沒受過專業訓練，也拿不出名片，一見面就被發覺可疑。」法官偵訊之後，知悉品川並未參與「藍先生的共諜案」，也沒有被中共情報單位吸收，就當場還給品川清白。偵訊完畢後，法警引導品川走出法庭，並當場發給品川當日的差旅費，品川拿到差旅費之後，爲了趕緊回家，就搭計程車到高雄左營高鐵站，搭高鐵回台北了。

由於品川有過「當證人」被調查局調查員，以及法官偵訊過的經驗。因此，對黃檢察官要求品川提供銀行帳戶資料，雖然有點不願意，但過去經驗告訴品川，若不照實提供，屆時黃檢察官也會向銀行申請，銀行爲了配合檢察官辦案也會「不得不」如實提供品川在銀行裡頭的所有現金流向供黃檢察官參考。**由於品川有過往被偵訊的經驗，所以品川的「慣性思維」就牽引著他的研判：「還是遵照黃檢察官的指示辦理，到銀行開設中國信託的『約定轉帳帳號』。」**

6. 譴責中信銀公然違法反要求在富邦銀開戶

由於黃檢察官告訴品川當日下午一點要從事「分案調查」，請品川在家中等候黃檢察官的來電。下午一點一到，品川家中的室內電話鈴聲響起，

「喂！我是品川。」

「我是黃敏昌，家中有沒有人呢？」

「沒有，只有我一個人。」

「你知道，偵查是不能公開的，現在中國信託淡水分行不能辦理約定轉帳帳號，我會告訴金管局，請他們去查中國信託淡水分行，爲何不配合辦案，一定內部有問題。現在麻煩你到富邦銀行淡水分行辦理約定轉帳帳號，你好像有富邦銀行的網路銀行。」

「是的，我在富邦銀行有設定網路銀行。」

「好的，薛先生現在就過去辦理，抵達富邦銀行，請在LINE中通知一下。騎車請注意安全。**記得要跟銀行行員說這是從事不動產轉帳用。**」

約莫過了十五分鐘，品川抵達富邦銀行淡水分行，就遵照黃檢察官的指示，

在LINE中回報說：「已經到了富邦銀行。」

—用矇騙理由完成約定轉帳帳號

品川一進到富邦銀行淡水分行，在號碼機上抽了一張號碼牌，號碼是361號。因疫情關係，品川就坐在隔離的椅子上等候叫號碼。

「361號請到三號窗口辦理。」因來富邦銀行辦理業務的人不多，很快就叫到品川的號碼。

品川走到三號窗口，行員問品川要辦理什麼業務。品川說：「要辦理約定轉帳帳號。」銀行行員馬上問品川：**「請問這個帳號是不是接到電話來辦理的呢？」**

「不是，是業務往來的客戶。」品川對行員說了謊話。

「請問這個約定轉帳帳號要做甚麼用途呢？」行員的眼神看了品川一下，神色有點緊張的這樣問品川。

「這是我做不動產要轉帳給朋友用的。」品川爲了配合辦案用此藉口回答。

品川觀察這位銀行行員，可能是新進人員，使用電腦作業時間有點久，對設定約定轉帳帳號這項業務看起來有點不熟練。

過了一會兒，銀行行員完成約定轉帳帳戶開戶的設定之後，銀行行員向品川說：「爲了要確認身分，需要照相留底。」就請品川面對著櫃檯邊的照相鏡頭，準備幫品川照相，品川希望留底的照片能被拍得美美的，就用雙手梳了一下兩邊頭髮，面帶笑容地看著鏡頭，銀行行員說：「可以了嗎？請看鏡頭，要照相了喔！」就喀嚓一聲，銀行照相留底就完成了；接著銀行行員站起來轉身敲門走進後門請主管出來，銀行主管到了櫃檯看了品川一眼，再一次核對品川的身分，但沒有詢問這個「約定轉帳帳號」作何用途，便拿出一張卡片在電腦邊感應了一下，嗶一聲，過關，開戶成功。

接著銀行行員從印表機輸出一份「約定轉帳帳號」設定成功的表單遞給品川，品川接到行員給他的這張表單，立即將這張表單置於銀行的桌子上，馬上打開手機的照相功能拍照傳給黃檢察官看，並且與黃檢察官約下午兩點偵訊，請黃檢察官打電話到家中給他，持續審理「龍華吸金案」。

黃檢察官看到品川在LINE裡頭的回話，馬上又在LINE中寫道：「以上對話紀錄留檔備案備查。」

——當事人配合檢察官辦案理由

品川會這樣配合辦案的理由有三，一是疫情嚴重關係，二是希望早日還他清白，三是過去經驗造成慣性思維，才會相信，並且遵照黃檢察官的指示到銀行辦理完成**「約定轉帳帳號」**的設定。

品川從富邦銀行淡水分行騎車回到家中之後，大約過了五分鐘，家中的室內電話鈴聲響了。品川拿起電話筒：「喂！我是品川。」電話筒的另一方傳來的聲音是：「你好，我是黃檢察官，你的配合調查，我會跟主任檢察官報告，早日查明案情，還你清白。」

品川接著跟黃檢察官報告說：「星期三上午九點要去安養中心帶母親搭高鐵回高雄，預計下午一點三十二分抵達台南高鐵站。我個人當天往返。另下午抵達台北，晚上會接老婆大人下班，一起用晚餐。」

「出行注意安全、注意防疫，祝你一切順利，星期三我們再聯絡。」黃檢察官像朋友般的關心問候品川。

緊接著又在LINE裡頭寫道：「以上對話紀錄留檔備案備查。」

星期三早上八點半一到，品川在他的LINE中就看到黃檢察官傳來幾則信息說：「薛先生明日下午檢座有庭訊要進行，明日你正常上班，分案調查約定下次聯絡時間九月二十三日周五上午九時三十分，家中電話聯絡。」

「明天你在LINE發個『報到』即可。」

「以上對話紀錄留檔備案備查。」

品川在LINE中看到黃檢察官寫給他的信息非常的感動說：

「好的」、「感謝您的用心與辛勞」、「另九月二十三日下午三點早已與千山淨水公司的維修人員有約，要到家裡更換濾芯，以及保養濾水器。」

黃檢察在LINE裡頭看到品川的回話，照常在LINE中又寫道：「以上對話紀錄留檔備案備查。」

由於九月二十一日那天黃檢察官就有跟品川說，他九月二十二日因有庭訊，請品川在LINE發個「報到」信息即可。九月二十二日這一天，品川就按照黃檢察官的指示，一早六點過兩分就在LINE裡頭寫字向黃檢察官「報到」，品川在LINE裡頭並沒有寫「報到」兩個字，品川認爲寫「報到」兩個字，有點像犯人每天要到警局「報到」一樣，品川認爲他又不是犯人，是受害者，因此，就在LINE裡頭這樣寫道：

「黃檢察官早，準備用早餐，預計七點半出門，搭捷運至台北市上班。」黃檢察官到了上午八點一刻才在LINE裡頭回覆寫道：「薛先生早，出行注意安全、注意防疫，祝你一切順利。」「以上對話紀錄留檔備案備查。」

當天品川在接近上午十點左右，接到一通+886 2 7707＊8＊＊的電話，品川像極了「一朝被蛇咬，十年怕草繩」一樣，不敢隨便接電話。由於品川在發生此事之後有安裝Whoscall軟體，會過濾及顯示電話來源。當品川看見他的手機銀幕來電顯示「錢莊」兩個字，品川故意讓電話鈴聲多響了幾聲之後，不接聽，即刻封鎖。因品川被詐騙集團陷害成爲「龍華吸金案」共犯，心理的恐慌與心中的那顆石頭是存在的，這時候當然會害怕再接到詐騙電話。

品川就在LINE裡頭「一五一十」的告訴黃檢察官這通被他封鎖的電話號碼。

約莫過了十分鐘，黃檢察官在LINE中回覆說：「好的，分案調查期間，你這作法檢座予以肯定，你提供的電話號碼會列入備案備查。明天星期五上午九點三十分，分案聯絡，別忘了。」「以上對話紀錄留檔備案備查。」品川也在LINE裡頭回覆黃檢察官說：「OK！」

7. 檢察官開始實施金融監管作業

今日九月二十三日星期五上午八點因阿桂要趕到板橋殯儀館參加好友的告別式，需六點半之前得要出門，所以清早六點品川與阿桂就已在餐桌上享用早餐。二杯咖啡、二塊麵包、二盤水果及二顆雞蛋，這是他們夫妻倆共同的美好早餐。惟今日阿桂趕著出門，用完早餐之後就沒有一起出門運動。

原本品川也要一起參加這位好友的告別式，但因與黃檢察官九點半有約，品川本著「偵查不公開」的原則，沒有跟阿桂告訴實情，只好跟阿桂說：「星期五上午有事不能一同到板橋殯儀館參加好友的告別式。」

這位好友是位大陸姑娘，嫁給台商，曾經在大陸風光過，後來這位台商回台灣後，因工作不順，經濟每況愈下，加之信仰的不同，造成婚姻破裂。而這位大陸姑娘愛子心切，決定自己在台灣找工作，自行扶養兒子長大。惟原本販售藝品工作的公司，**受COVID-19疫情的影響**，結束營業。**使得這位大陸姑娘到處找工作受挫，經濟壓力加重，自己也得了憂鬱症**，好幾次請求教會幫助，也跟阿桂求救過，後來教會會友介紹她到某社區擔任清潔人員工作。由於適應不良，自己又自尊心作祟，懷疑別人瞧不起她的打掃工作。兼因自己得到疫情，癒後，後遺症加劇，造成身心俱疲，就沒有體力到這社區做清掃工作。**她曾經好幾次跟阿桂說：「我好驚恐，經濟壓力很重，晚上都睡不著覺，能不能救救我。」阿桂也曾伸出援手幫助，但阿桂萬萬沒想到，她的這位好友竟未留下任何遺書，卻自己選擇在深夜跳樓自殺，結束自己寶貴生命，令阿桂傷心不已。**

阿桂跟品川說：「她參加告別式之後大約十點半會回到家，下午兩點才會出門到公司上班。」

品川一聽到阿桂如此說，心想何不請黃檢察官早點進行問案，期望能早日釐清案情，還他清白，就大約在上午九點左右在LINE裡頭向黃檢察官寫道：「報告黃檢察官，我家老婆大人上午八點至板橋殯儀館參加教會姊妹的告別式，可能十點半左右會回到家，能否提前開始偵查呢？」

黃檢察官也很快速的在LINE中回覆：「好的。」

沒多久，不到一分鐘，品川家中的室內電話響了。

「您好，我是薛先生。」

「我是黃檢察官，爲了偵查不公開，請問你家中有沒有其他人？」

「沒有，我太太已經出門。」

——挑選幾家銀行帳戶審查有否不法所得

黃檢察官接著說：「我現在要針對『龍華吸金案』開始審理辦案，需針對薛先生你的銀行帳戶作監管，你不用擔心，**僅挑選幾家銀行帳戶作監管即可，主要是審查你的銀行帳戶有沒有不法資金所得**。」

黃檢察官接著又說：「現在要請你將台新銀行、台中商銀、富邦銀行、第一銀行，以及中國信託銀行的帳戶裡頭的存款的八成，匯入監管帳戶作監管，只計算至萬元。台新銀行的八成是四十八萬、台中商銀是五十七萬、富邦銀行是六萬、第一銀行是二十四萬、中國信託是三十二萬，總計是一百六十七萬。**若監科審查沒有犯罪證據，會如數返還到你的銀行帳戶**。」

品川在家中接受黃檢檢察官大約三十分鐘的審理案情之後，品川完全配合黃檢察官的辦案指示，開始在手機裡的網路銀行做轉帳作業，品川在做轉帳的過程中遇到些許問題，便在LINE裡頭回報黃檢察官說：「a.因滙豐銀行非約定帳戶，每天最高只能轉五十萬。目前台新銀行四十八萬已經由滙豐銀行轉入富邦銀行，再由富邦銀行轉入中信銀監管帳戶；b.台中商銀五十七萬、富邦銀行六萬已轉入中信銀監管帳戶；c.第一銀行二十四萬及中國信託銀行三十二萬無法再匯入匯豐銀行，因匯豐銀行沒有富邦及台中商銀的約定帳戶；第一銀行與中國信託的金額合計五十六萬等一會兒我會騎車親自到第一銀行的淡水分行，以及中國信託銀行的淡水分行匯款五十六萬至富邦銀行淡水分行之後，再匯入監管帳戶。d.敬請詳閱匯豐銀行、台中商銀、富邦銀行總計一百一十一萬的匯款紀錄。」

約莫過了五分鐘，黃檢察官在LINE裡頭回覆說：「檢座已收到監管科同仁通知，有查到三筆匯款，先後順序分別為四十八萬、五十七萬、六萬。」品川看見黃檢察官在LINE裡頭的回話，馬上撥打LINE電話給黃檢察官說：「對不起，第一銀行與中國信託銀行的監管金額，我必須待會騎機車出去辦理匯款。」

——防洩密不准用LINE打電話給檢察官

「好的，沒問題，出行注意安全、注意防疫。還有，薛先生，以後不可以用LINE打電話給我，這樣檢座以後查案還要調閱通聯紀錄，這很麻煩，而用LINE打電話也很容易洩漏辦案內容，以後必須防範。」黃檢察官語調有點嚴厲對著品川說話。

品川馬上在LINE電話中說：「是的，以後改進。」

接著黃檢察官又在LINE裡頭寫道：「以上對話紀錄留檔備案備查。」

品川在LINE中接受黃檢察官的審問之後，就馬上騎機車到第一銀行，以及中國信託匯款至自己的富邦銀行帳戶，此時已是上午十一點十二分，品川沒有馬上騎機車回家，心中急著想要趕快向黃檢察官報告，就在LINE裡頭聯繫寫了幾則信息給黃檢察官說：

「一小時之後入富邦銀行帳戶；」

「另我太太已回到家中，下午兩點出門；」

「俟入帳後再轉入約定監管帳號；」

「有事請LINE中聯繫；」

「我下午三點與千山淨水有約；」

「我正在回家路上。」

黃檢察官大約上午十一點二十分看到品川在LINE裡頭寫的內容之後，即刻回覆說：

「好的，檢座告知監管科於一點半查詢；」

「檢座於兩點半通知你，如果兩點半以前有收到查詢的結果會馬上申請收據，並且LINE給你；」

「兩點半一樣正常聯絡；」

「辛苦當事人積極配合，趕緊回家用午餐；」

「以上對話紀錄留檔備案備查。」

品川從富邦銀行淡水分行騎機車回到家中，品川有點驚訝，因他看見阿桂已在家中，並且也煮好午餐，準備與品川一起用餐，今日中午的午餐是阿桂的拿手菜——湯麵。品川看見阿桂，也不動聲色，深怕這件正在偵查的案件被阿桂知道而違反了「偵查不公開」的規則。就很小心地在LINE裡頭回話給黃檢察官：

「已回到家，正準備與老婆大人用午餐。也感謝您們的辛勞。」

品川與阿桂一起用完午餐後，阿桂回到房間休息，並且在自己的書桌上製作PowerPoint，記錄她的「走步道遊台灣」的夢想。而用完餐，品川一向會主動收拾碗盤，並且清洗碗盤，這是一項分工合作，創造家庭和樂的事情之一。

8. 檢察官說明金融監管原因與偵辦進度

品川家中的時鐘，時針向右移了一格，剛好是中午十二點十五分。品川拿起自己的手機，點選手機裡頭富邦銀行的網銀ICON，很快就進入富邦銀行的網銀帳戶中，品川查看明細，有兩筆金額入帳，一筆是第一銀行的二十四萬，另一筆中國信託銀行的三十二萬，總計五十六萬。品川一看到轉帳金額已入帳，就馬上從富邦銀行轉帳至黃檢察官指定的中信銀監管帳號，即刻截圖傳送至LINE裡頭給黃檢察官過目，並且在LINE中寫道：「**五十六萬已轉入監管帳號，敬請查收。**」**品川連同上述三筆金額，總計一百六十七萬轉入中國信託銀行「金融監管帳戶」偵查**。

約莫過了八分鐘，正是中午十二點二十四分，黃檢察官在LINE中回覆說：「好的，現在正是中午休息時間，檢座先回報主任並通知監管科，一點開始申請公文收據；」「以上對話紀錄留檔備案備查。」

—請檢察官釋疑案情惟未明確回覆

隨著黃檢察官的回話內容，品川馬上在LINE中向黃檢察官發牢騷說：「另外請教黃檢察官幾個問題：

a.請問桃園那個假的通信地址的建物是大樓、或者是華廈、或者是公寓呢？

b.若是大樓或華廈會有管理員，管理員代收信件就表示有收到，然後再通知住戶來領取信件；

c.那個住址目前是空戶？或者是自住？或者是出租？

以上說明。」

黃檢察官隨即在LINE中回答說：「案件詳細內容不在LINE上面多做敘述，**兩點半檢座針對你的疑問來對你做說明。**」

「好的，謝謝您！」品川也隨即在LINE裡頭回覆了這句感激的話。

品川在黃檢察官偵查「龍華吸金案」期間，時刻都在關心LINE裡頭有沒有黃檢察官傳送來的任何信息，深怕沒有及時掌握信息，影響辦案，無法早日還給品川一個清白。即使黃檢察官已跟品川約下午兩點半實施分案辦理，但品川仍舊會三不五時看手機裡頭LINE的任何信息，查看有沒有黃檢察官傳來的最新辦案情形。

—收到地檢署公證科（清查歸還）收款收據

就在當日一點三十八分，品川看到自己的LINE裡頭有黃檢察官傳來一個圖片，品川打開一看，是一份台灣台北地檢署公證科收到品川匯款一百六十七萬至金融監管帳號的收據圖片，上面寫著：

台灣台北地檢署公證科收據

案號：111年度金字第0098613號　　申請日期：111年09月23日

主旨：

一、茲收到受分案申請人：薛品川身分證號：S12135＊＊＊＊受公證科清點控管物品：新台幣壹百陸拾柒萬元整。

二、本收據不得（損毀、塗改）無效，依《刑法》僞造文書罪，第二百十一條處一年以上七年以下有期徒刑。

三、清查歸還依《行政執行法》第一百五十三條，經須本人攜帶（本文、國民身分證、駕照、護照）等其他有效證明文件，至地檢署公證科辦理退款。

與正文無誤

檢察官：黃敏昌

台北地方法院檢察署

中華民國111年09月23日

黃檢察官傳來給品川看的收據下面又寫著這幾句話：「以上對話紀錄留檔備案備查；」「分案聯絡兩點半。」

品川閱讀收據內容之後，隨即回覆黃檢察官說：「收據已存檔，感謝！」接著品川又針對黃檢察官指示的分案聯絡時間回覆：「OK！」

—向老婆隱瞞案情配合檢察官辦案

品川在家中等待阿桂下午兩點出門的時間，內心是戰戰兢兢的，精神亦有點恍惚，只好靠著用手划手機，減輕內心憂慮，以等候時鐘快快轉到兩點，好讓黃檢察官可繼續偵查案件。然而兩點時刻已到，阿桂遲遲未出門，仍舊在書桌上製作她的「走步道遊台灣」的PowerPoint。

此時品川內心極度緊張，萬一阿桂兩點半之前沒出門，黃檢察官兩點半打電話進來，整個案情就會曝光，會影響黃檢察官的審理案情。品川在家中有點坐立難安，但外表仍故作鎮靜；也不敢推門進入主臥室，去關心阿桂何時出門，以免讓阿桂內心起疑竇。就一直的在客廳等候，同時也一直低著頭默默地向上帝禱告說：

「親愛的主耶穌基督，孩子被詐騙集團陷害成爲『龍華吸金案』的共犯，懇求主耶穌幫助黃檢察官辦案，讓他有智慧審理此案，不讓歹徒逍遙法外，也挪走歹徒在孩子身上的作爲，讓黃檢察官早日釐清案情，還給孩子清白，這樣禱告感謝奉主耶穌基督的聖名求，阿們！」

可是時間一分一秒的飄過，一到了兩點二十分，阿桂還在書桌上製作她的「走步道遊台灣」的PowerPoint。這時品川更加緊張，也不敢用LINE打電話給黃檢察官，因爲黃檢察官有交代，「偵查不公開」，不能用LINE撥電話給他，只好趕緊在LINE裡頭寫信給黃檢察官說：「黃檢察官您好，對不起，我家老婆大人還在家中製作及修改PowerPoint，目前尙未出門，她應該會出門辦事。俟出門後，再LINE中向您報告。」

品川寫給黃檢察官的急信，黃檢察官並沒有馬上回覆，讓品川非常、非常的緊張，無時無刻拿著手機用手指頭划看銀幕，看看黃檢察官有沒有讀取他寫的急信內容。可是時間已來到兩點二十八分，黃檢察官仍未讀取品川寫給他的急信內容，這時品川內心急著像「熱鍋裡的螞蟻」似的，但外表顯露像似「波瀾不驚」的樣子，就在兩點二十八分這一刻，黃檢察官回信了，品川的心也恢復了平靜。

黃檢察官在LINE中回覆說：「原本計畫你下午三點，不是本身就有家中要更換濾水器的行程嗎？下周一的上午你要開會對吧；」「因爲檢座三點之後有會議要進行。」

就在此時此刻，品川在客廳裡頭聽到阿桂的聲音說：「老公，我要出門了。」品川聽到這句話，內心的緊張突然釋放開來，趕緊在LINE裡頭回信給黃檢察官說：「我太太正準備出門。」

黃檢察官即刻在LINE中寫道：「那你環境沒問題了，你報告一下，檢座就打電話過去，開始分案例行錄音；現在已經兩點半了延遲幾分鐘沒問題的。」

「可以了，我太太已出門了。」品川回覆給黃檢察官這句話時，時間剛好是兩點三十分。

「好的。」

「以上對話紀錄留檔備案備查。」黃檢察官總是在問話告一段落之後寫上這一句話。

——說明偵查進度並告知續實施金融監管

約莫過了兩分鐘，大約兩點三十二分，品川家裡的室內電話鈴聲響了。

「您好，我是薛先生。」

「你好，我是黃敏昌，現在家裡有沒有其他人在呢？怎麼會有聽到拉椅子聲音呢？」

「報告黃檢察官，我太太已經出門了，那是我自己拉椅子的聲音。」

「薛先生，檢座跟你說明，桃園那個地址我們有過去查過，歹徒已經搬走了，但我們有查到土城有位女士有把自己的銀行帳戶借給朋友使用，經我們偵訊得知，她是很久以前與朋友一起投資做生意，把帳號借給朋友使用，她自己也不知道朋友把她的帳號拿去做犯法的事，這位女士家中現在經濟也不好。我們正持續循線追查這個使用你的假帳戶的幕後指使者是誰，請你放心，檢座很快就會找出來。」

「黃檢察官，真是感謝您的辛苦辦案，期望早日查出真凶還給我清白。」

「對了，薛先生，下星期一（九月二十六日）還要繼續分案辦理，還要繼續從事你的銀行監管，這次要對你的淡水一信、台灣銀行、匯豐銀行及花旗銀行從事銀行帳戶監管，並且監管金額爲全數存款餘額。」

「黃檢察官，你不是說過，只要抽檢我五成以上的銀行帳戶作監管即可嗎？怎麼還要繼續對我其他的銀行帳戶作監管呢？而且也不用監管全數存款餘額呀！」

「爲了進一步查案，了解你其他的銀行帳戶是否有被歹徒利用來作案，所以必須全面清查，若清查你沒有犯罪情事，你銀行帳戶被監管的金額會全數返還給你，請薛先生放心。」

此時品川內心有股聲音認爲，很不苟同黃檢察官的監管方式，可是品川內心又有一股聲音告訴他，既然你是清白的，沒有參與「龍華吸金案」，給黃檢察官繼續監管你的銀行帳戶，有什麼好怕的呢？

這段對話像極了「天使與魔鬼」的拉鋸戰爭。

品川後來選擇了第二個聲音，就答應黃檢察官繼續監管他其他的銀行帳戶。

「黃檢察官，好的。」

「薛先生，檢座下午三點有會議要進行，今日分案辦理暫告一段落，六、日放假要注意防疫，下星期一檢座要審理案情，你就在LINE上寫個『報到』就可以了。」

「好的。」

9. 強制實施第二次銀行帳戶監管

黃檢察官九月二十三日已指示品川九月二十六日星期一的「分案偵查」要針對淡水一信、台灣銀行、匯豐銀行，以及花旗銀行實施監管全數存款餘額。

但品川的生活節奏不受黃檢察官「分案偵查」的影響，九月二十六日早上五點多就已起床開始忙碌準備早餐。品川到了廚房，首先，打開咖啡機，檢查有沒有咖啡豆、水，接著倒咖啡渣，讓咖啡機隨時準備好可以煮咖啡的狀態；然後轉身，一邊使用電鍋蒸麵包和雞蛋，一邊用不鏽鋼笛音壺裝水在瓦斯爐上煮熱開水；再轉身，從冰箱拿出蘋果與番石榴，用過濾水清洗番石榴之後切片，一粒番石榴，剖成兩半之後，再對切成八片；蘋果則削皮之後，同樣切成八片，再放入泡好鹽水的盤子裡頭浸泡，以防止氧化。

早上六點一到，品川已準備好早餐，要給阿桂享用的那份早餐，「一杯咖

啡、一小盤水果，以及麵包和雞蛋」，品川把它們擺放在一個Made in Indonesia的大盤子裡，接著端到餐桌上。品川隨即輕聲地走到主臥室的門前喊叫著：「阿桂，起床了，準備吃早餐了。」

品川等著阿桂起床走到餐桌，一起做個謝飯禱告之後，品川一邊詢問並了解阿桂當周的工作行程，阿桂也一邊順手拿起手機，查詢當天的氣象報告，作爲外出時的參考，接著阿桂打開YouTube聆聽淡江教會莊育銘牧師的每日讀經釋義，品川與阿桂就在這個氛圍下一起享用他們的早餐。

—檢察官喜歡掌握阿桂行程意涵

品川一面享用早餐的同時，也會一面看著LINE裡頭的信息，得知公司老闆確診了，星期一的會議被通知暫停。品川得知此情況，即刻寫LINE向黃檢察官報告實情：

「黃檢察官早，幾件事報告：

a.因我公司老闆上星期五染疫，因此今日上午的會議暫停。我會到匯豐銀行、花旗銀行、台灣銀行，以及淡水一信辦理金融監管事宜。

b.我老婆大人星期一、星期三及星期四上班。

c.這個星期三我個人公司値班，從上午九點至晚上九點。若有臨時改變之處會隨時向黃檢察官您報告，也希望能儘快查明案情，早日辦理結案。」

這是品川早上六點四十二分回報給黃檢察官的內容，像極了「情報員向情報頭子」匯報情資一樣。

品川知悉黃檢察官要到上午八點三十分才會上班，也才會打開公務手機看LINE的信息。因此，品川在LINE中回報信息之後，就與阿桂一起走出屋外到社區裡面的步道健走，直到上午八點才進門，品川與阿桂各自簡單盥洗之後，阿桂怕上班來不及，就急忙地拿取包包出門上班了；品川則是待在家中等候黃檢察官的回信。

有時候品川也有想過，檢察官在做「分案偵查」時爲什麼那麼害怕聽到椅子聲音呢？爲什麼也害怕阿桂在家呢？難道這就是「偵查不公開」嗎？

—不厭其煩辦理轉帳至約定監管帳戶

約莫到了上午八點三十二分，品川才在LINE裡頭看到黃檢察官回覆給他的信息說：「薛先生早，檢座九點要開會，上星期五跟你說過，第二次監管名單及內容，以及今日你所辦理的內容；再次提醒該截圖報告的別忘了；出行請注意安全及防疫；我若在辦公室看到你的訊息會第一時間回覆；等一下我會事先告知監管科同事，今日監管內容明確回報。」

緊接著黃檢察官又在LINE裡頭寫道：「下午會跟你確認下次分案聯絡時間；」

「以上對話紀錄留檔備案備存。」

品川非常感謝及肯定黃檢察官的辦案，也在LINE中用感激的心寫道：「好的，謝謝您！」

品川非常希望黃檢察官能早日結案，還給品川清白，所以品川一直非常配合黃檢察官的辦案，在與黃檢察官LINE中互通信息之後，就趕緊騎機車出門，在銀行九點未開門之前，就已趕到淡水一信門前等候，俟淡水一信鐵門捲起，即刻衝進門辦理三十萬匯款，等到淡水一信行員說，已匯款至富邦銀行淡水分行的帳戶之後，品川片刻也不停留，緊接著就騎機車到台灣銀行淡水分行辦理十四萬的匯款到富邦銀行淡水分行的帳戶。

品川這種做事的效率與態度，就是深怕耽誤黃檢察官審理「龍華吸金案」的期程。

十點三十分一到，品川看到自己富邦銀行的網銀已進帳三筆金額，即刻向黃檢察官報告，並截圖傳送到LINE裡頭，並且在LINE中寫信息告訴黃檢察官說：

「淡水一信已匯三十萬入富邦銀行，已入帳。」

「台灣銀行已匯十四萬入富邦銀行，已入帳。」

「已從匯豐網銀轉帳二十五萬至富邦銀行，已入帳。」

由於品川的花旗網銀不讓品川轉帳，所以須親自到花旗銀行從事實體銀行轉帳。品川因怕耽誤黃檢察官今日的分案審理進度，隨即在LINE裡頭寫信告訴黃檢察官說：「現在剩下花旗銀行未轉帳，正準備搭捷運至天母芝山捷運站的花旗銀行轉帳二十四萬至富邦銀行。俟全數金額四筆總計九十三萬已入富邦銀行之後，再一次轉入中國信託銀行監管帳號。」

黃檢察官在上午十點五十八分看到品川傳來的信息回覆說：「好的，剛回到辦公室，今天北檢事情很多；」

「後續請進度回報後，檢座讓監管科查詢並申請公文收據，請當事人出行注意安全、防疫。」

「以上對話紀錄留檔備案備存。」

品川搭捷運至天母的花旗銀行完成匯款手續，已接近中午時分，時間大約十一點四十九分。品川一刻也沒有休息，即刻在LINE裡頭傳信息給黃檢察官說：

「已從花旗銀行匯入二十四萬至富邦銀行。俟入帳後再與先前的三筆入帳金額一起轉入中國信託的約定監管帳戶。」

黃檢察官到了中午十二點六分在LINE裡頭傳來幾則信息說：

「請當事人開始轉入監管帳戶並回報；」

「檢座爭取一點半前申請公文收據，於兩點半時與當事人分案聯絡。」

「以上對話紀錄留檔備案備存。」

然而到了下午一點二十分，品川突然在LINE中突然接到黃檢察官傳來的信息說：**「薛先生，監管科同仁回覆尚未查詢到有入帳情況。」**

品川看到這則訊息有點緊張，心裡想著，花旗銀行不可能如此慢，即刻拿起手機查詢富邦網銀，的確尚未入帳，隨即回覆信息給黃檢察官說：「花旗銀行的

匯款尚未入我的富邦銀行帳戶；」「看看一點半左右會不會入帳。」

黃檢察官看到品川的回覆，也隨即回覆信息說：「好的，檢座回覆監管科稍後再作查詢；」「以上對話紀錄留檔備案備存。」

品川手錶的秒針滴答滴答的輪轉著，時間已過一刻，品川再次拿起手機查詢自己的富邦網銀，仍舊未看到花旗銀行的入帳紀錄。品川立即撥打電話到花旗銀行天母分行了解情況之後，即刻回覆信息給黃檢察官說：

「我已請花旗銀行天母分行職員查詢，為何上午十一點四十五分匯款至富邦銀行的帳款尚未入帳；櫃台行員說：『因今日是星期一，匯款人員較多，請稍等一下，可能稍晚才會入帳。』」

品川寫給黃檢察官的信約莫過了兩分鐘，時間來到一點四十七分，品川再次打開富邦銀行網銀，這時已看到入帳紀錄，品川很迅速地操作幾個按鍵，不到三秒的光景，就將淡水一信的三十萬、台灣銀行的十四萬、匯豐銀行的二十五萬，以及花旗銀行的二十四萬，總計九十一萬一聲不響的轉入中國信託銀行的「監管帳號」裡頭了。

品川也很快速的截圖傳送給黃檢察官，並在LINE裡頭寫信給黃檢察官說：

「九十一萬已入約定監管帳號，敬請查收；」

「也煩請黃檢察官能儘速查明案情，早日還給受害者清白，謝謝您！」

黃檢察官約莫兩點整時回覆品川說：「請稍後；」「以上對話紀錄留檔備案備存。」

—收到地檢署公證科（清查歸還）收款收據

時間來到兩點二十六分，品川在他的LINE中收到一張圖像，是台北地檢署公證科的收據，內容同樣如此的寫著：

台灣台北地檢署公證科收據

案號：111年度金字第0098613號　申請日期：111年09月26日

主旨：

一、茲收到受分案申請人：薛品川身分證號：S12135＊＊＊＊受公證科清點控管物品：新台幣玖拾壹萬元整。

二、本收據不得（損毀、塗改）無效，依《刑法》偽造文書罪，第二百十一條處一年以上七年以下有期徒刑。

三、清查歸還依《行政執行法》第一百五十三條，經須本人攜帶（本文、國民身分證、駕照、護照）等其他有效證明文件，至地檢署公證科辦理退款。

與正文無誤

檢察官：黃敏昌

台北地方法院檢察署

中華民國111年09月26日

相關單位：法務部行政執行處

約莫又過了兩分鐘，黃檢察官接著傳來信息說：「薛先生，請問你到家了嗎？」「可以開始分案錄音了嗎？」

由於黃檢察官並沒有說今日要做分案偵查，所以品川轉帳之後，就隻身到台北市與客戶商談事情了，所以回覆黃檢察官說：「我在台北市，正在商談建地合建的事宜。」

這項建地合建案，品川已經與程氏家族原先的六位地主商討近七年光景，家族始終未達共識，而品川也未曾放棄，如今已有三位長輩過世。由於繼承的關係，目前這塊建地共同持有人已變成十二位，導致商談合建案的難度變成更加困難與複雜。

—向主任檢察官報告分案監管進度

黃檢察官看到品川回覆他去台北市商談事情，就在LINE中寫道：

「檢座三點要開庭；」

「那今天的紀錄也視同分案『報到』。」

接著黃檢察官又傳來訊息說：

「明天早上有安排借提『龍華案』洪姓主嫌開庭，明日你正常工作，在LINE上回覆『報到』即可；周三的約定時間，明日下午再跟你當事人作確定。」

「以上對話紀錄留檔備案備存。」

品川看到黃檢察官傳來的信息就遵循著信中內容回答說：

「好的，謝謝您！但我星期三在公司值班，從上午九點到晚上九點。若有重要事情聯繫，可以撥手機，或LINE中聯繫。」

此時黃檢察官深究品川的回信內容之後，回覆說：

「好的，不影響你工作，注意安全，注意防疫，LINE上溝通即可。」

「以上對話紀錄留檔備案備存。」

每次黃檢察官寫到「以上對話紀錄留檔備案備存」這句話，表示黃檢察官偵訊已告一段落，但這一次竟然隨即又傳來訊息說：

「今日分案監管進度於庭後會向主任報告；」

「以上對話紀錄留檔備案備存。」

10. 檢察官借提主嫌開庭並說明監管科意見

品川目前仍在接受「台北地方法院檢察署」的分案偵查之中，由於九月二十七日這一天黃檢察官要借提「龍華吸金案」洪姓主嫌開庭，所以品川這一天不用接受分案調查，只要在LINE裡頭「報到」即可。因此，品川一早大約七點整就在LINE傳信息向黃檢察官「報到」說：「黃檢察官早，上午會到台北市一趟，簽透天店面委賣契約，也祝福您今天辦案順利有所成。」

——借提「龍華吸金案」洪姓主嫌開庭

黃檢察官在LINE中看到品川已「報到」信息，上午八點三十分整品川就在自己的LINE裡頭看見黃檢察官回覆給他的信息說：

「薛先生早，今天上午開庭審理『龍華吸金案』洪姓主嫌，時間預計至中午結束，也祝福你工作順利，出行在外注意安全、注意防疫。下午會通知你下次分案聯絡時間。」

「以上對話紀錄留檔備案備存。」

到了當天下午兩點整，一秒也不差，品川看見黃檢察官在LINE中傳來信息說：「薛先生，檢座向你確認一下，九月二十八日你的工作值班沒有異動吧！」

「你在工作值班期間就在LINE上面回覆個『報到』即可。」

「檢座明天還有庭訊要進行；」

「明天下午再跟你確認九月二十九日分案聯絡時間。」

「以上對話紀錄留檔備案備存。」

品川看過黃檢察官的來信之後也隨即回覆說：「好的，謝謝您的通知，明天仍舊會在LINE中向您『報到』；還有明日九月二十八日有值班。」

—監管科提出執行投資理財項目監管

九月二十八日品川一早五點就已起床，例行在廚房準備早餐。當時鐘的指針走到六點時，品川就會來到主臥室門前喊叫阿桂起床說：「早餐準備好了。」每次品川與阿桂在餐桌一起用餐時，阿桂一點也沒有察覺出品川外表有甚麼異樣，這可能與品川之前在國安單位受過情報訓練，很會隱藏心事有關。因此，在「龍華吸金案」分案辦理期間，品川的外表從不顯露痕跡，內心也儘量保持平靜，深怕一旦洩漏軍機，將影響檢察官的分案偵查。

而品川在餐桌上一面用餐的同時，也不動聲色拿起手機，在LINE中傳信息向黃檢察官「報到」。品川的「報到」內容是這樣寫的：「黃檢察官早，今日九月二十八日在公司值班，從上午九點至晚上九點。祝福您今日開庭身心愉快。」

黃檢察官直到上午八點四十四分才在LINE上面回覆信息說：「薛先生早，昨天下午檢座大約了解一下監管科同仁的進度目前尚無可疑。**監管科同仁下午會出具比對初期的階段報告，檢座樂觀等候**，也請當事人薛先生不要有過大的心理壓力，事實的真相往往在法律調查的過程中會逐一審查檢視。至於**監管科提出的當事人的投資理財（外幣、保險）尚未執行監管**。檢座約定於明日九月二十九日上午九點三十分例行分案聯絡。」

「以上對話紀錄留檔備案備存。」

品川看到黃檢察官傳來的信息即刻回覆說：「明日九月二十九日星期四上午公司開會，若有確定上午九點半要分案聯絡，我可向我公司老闆請假即可。」

品川傳了信息給黃檢察官，大約過了三分鐘，黃檢察官回覆說：「是的，請當事人必須排除公司開會，進行例行分案聯絡；」

「檢座九點二十分要開庭，繼續借提『龍華吸金案』洪姓主嫌開庭，現在即將準備庭前資料，也預祝當事人今日工作順心順利。」

黃檢察官寫完這句話之後，這次沒有寫結尾語：「以上對話紀錄留檔備案備存。」

過了一會兒，品川只好傳一個微笑的貼圖給黃檢察官，表示今日的分案聯絡到此結束。

四、有破綻就會上當

喜歡玩弄欺詐手段的人，在揭發之前，雖不會受到社會的懲罰，但其污點卻難以被抹滅——史蒂芬·柯維

1. 期待自己能像約書亞叫「日頭停留」

九月二十九日星期四品川沒有到公司開例行會議，昨晚已用「帶客戶看房子」的理由向公司老闆請假，就待在家裡等黃檢察官八點三十分的偵訊電話。時間來到八點十五分，品川提前在LINE上面傳信息給黃檢察官說：「黃檢察官平安，已在家等候您的『分案辦理』。謝謝！」

品川在家裡獨自一個人坐在餐桌旁安靜地等候黃檢察官八點三十分的來電，

此時品川的心情，夢想能用手指頭把分針直接撥到八點三十分，並且停駐在那

裡，讓黃檢察官，把所有「龍華吸金案」的案情一次審理完畢。但品川也知道這是不可能的，只有上帝可以做得到，因在《聖經》裡頭有記載：「以色列人在迦南地與亞摩人作戰，在戰鬥中，約書亞禱告祈求太陽和月亮停下來，讓他有額外的日光來完成任務，向敵人報仇，由於約書亞的禱告得到上帝的應允：『於是日頭停留，月亮止住，約有一日之久』。」品川真的很希望「讓日頭停留」的神蹟也能夠發生在他的身上。於是品川在等待黃檢察官來電的時間，藉由安靜禱告，讓心情平靜下來，也期待黃檢察官早日完成結案，還給品川一個寧靜、安穩的生活。

沒有錯，「等待，即使是一秒鐘都嫌長久；安靜，即使是一小時都嫌快速」。

忽然間，品川家裡的室內電話鈴聲響起，品川寧靜的心被電話鈴聲給震醒，於是品川抬起頭向左擺動，眼睛朝向放在骨董櫃上的時鐘，圓圓形狀的時鐘也給予回報八點三十二分。

品川拿接起電話筒，很有禮貌的說：「您好，我是薛先生。」

「薛先生你好，我是黃敏昌，家裡有沒有其他人在？偵查是不能公開的。」

黃檢察官又再一次的叮囑著。

「報告黃檢察官，家裡只有我一個人。」

有時候品川也會懷疑：「不知道為什麼黃檢察官總是喜歡他一個人獨自在家呢？是不是怕被監聽呢？」

——針對投資理財部分實施金融監管

「現在要開始金融監管當事人的投資理財部分，包括外幣及保險，你的匯豐銀行外幣定存有一萬美元，中國信託銀行外幣存款一萬五千美元。保險單，檢座只挑選富邦儲蓄保險，上次你說，富邦儲蓄險可借款金額為七十八萬多元。」

「報告黃檢察官，現在已增值至七十九萬多元。」

「好的，那富邦儲蓄險就監管七十九萬元。」

接著黃檢察官說：「若監管科調查沒問題，就會把你所有被金融監管的金額，全數返還給你，屆時需要你帶身分證，以及金融監管收據到地檢署來辦理返還手續，返還的金額要入你個人哪個銀行帳號呢？辦理返還當日再告訴監管科即可。」

「報告黃檢察官，不過，有關外幣定存解約，我會損失匯差及利息。」

「返還當日，檢座到時候會以台灣銀行當日公告的匯率爲計算標準，若有匯差，會補差額給你。」

「可是保險方面，您要我把儲蓄險的金額借款出來，一併交由監管科監管，但這五張儲蓄險，每張借款利率都不同，介於4%到6%之間。」

「儲蓄險借款出來的金額，檢座聽說是按日計息，到時候富邦保險要你支付多少利息，你把利息告訴檢座，檢座會請監管科那邊一併申請補助給你。」

「好的，檢座，匯豐銀行及中國信託銀行的美金定存，上午九點銀行上班之後我會來辦理；早上處理美金定存解約好之後，中午會趕到台北富邦保險公司辦理儲蓄險借款。」

「**薛先生，謝謝你的配合偵查，若監管科審查之後發現沒有問題，下星期應該就可以結案。**」

「謝謝您！黃檢察官。」品川語帶高興的口吻說出這一句話。

品川在家裡接受黃檢察官使用電話進行分案偵查完畢之後，時間還差十分鐘才會到九點，品川在等待九點來到的時間，腳步逗來逗去的在客廳、餐廳裡頭來回地走著……。想著這句話：「請拿『金融監管收據』到地檢署來辦理返還手續……。」

—配合金融監管解約外幣存款過程

走著走著……，品川走到骨董櫃前，眼睛一瞄家中那個圓圓形狀的時鐘，時針與分針已成九十度角，即刻拿起電話筒，就先撥電話到匯豐銀行給理財專員，告訴理財專員說：「要解約一萬美元的定存，解約後之金額暫存在美金活期帳戶。」匯豐銀行理財專員接收到品川要解約美金定存的信息之後，告訴品川說：「現在要先核對您的身分。薛先生，當您聽到電話語音告訴您，請輸入六位數理財密碼時，麻煩您按照指示輸入您的六位數字『理財密碼』，現在準備開始……。」這時品川在電話筒中聽到傳來的電腦「亂數」的聲音之後，品川隨即在電話筒上面的按鍵，用手指輕觸輸入六位阿拉伯數字的「理財密碼」……，不久品川就在電話中聽到匯豐銀行的理財專員說：「密碼驗證正確。」品川通過匯豐銀行的「理財通關密碼」之後，緊接著在電話筒中又聽到匯豐銀行的理財專員的聲音告訴品川說：「薛先生您知道嗎？定存解約，利息是要減半喔！這個您知道嗎？」

「這個我知道。」

「好的，薛先生，馬上爲您的美金定存解約，解約金額連同折半的利息會一併轉入您的活期美金帳戶，目前美金對台幣匯率是1：31.754，大約一個小時以內會入您的美金活期帳戶。」

「好的，謝謝你。」

「請問還有需要爲您服務的地方嗎？」

「沒有了，謝謝。」

品川在匯豐銀行完成美金定存解約之後，緊接著隨即撥電話到中國信託銀行繼續辦理美金定存解約手續；打到中國信託銀行的電話接通後，電話筒裡傳來的是電腦語音的講話：「請輸入『身分證字號後九位數字』，輸入完畢後請按#字鍵。」於是品川遵照電腦語音的指示作業，很快就成功登入中國信託銀行的系統，緊接著就聽到銀行客服人員拿起電話向品川詢問的聲音：「薛先生您好，與您核對幾項資料。」經客服人員驗證幾項個資無誤之後，電話就轉接到銀行理財部門，接通後，理財人員拿起電話非常客氣且有禮貌的詢問品川要辦理甚麼業務，品川趕緊跟銀行行員說：「要辦理15,000美金定存解約，並轉爲台幣。」

「好的，沒問題，定存解約後的美金及利息會轉入您的美金活期帳戶，順便向您報告，若美金要轉爲台幣，要麻煩薛先生，自行在網銀裡頭操作，匯率會以當天公告的匯率計算，目前美金對台幣的匯率是1：31.779。」

「我現在就爲您辦理美金定存解約，可能在一個小時以內會轉入您的美金活期帳戶，到時候您在自行按當時的美金匯率換算成台幣金額。請問薛先生還有需要爲您服務的地方嗎？」

「喔！沒有了，謝謝。」

品川在家裡頭，除了藉由安靜、等待及禱告之外，也隨時拿起手機檢視匯豐銀行與中國信託銀行的網銀美金定存是否已轉活存帳戶了沒？大約到了十點十二分，品川再次檢視手機裡頭這兩家銀行的網銀美金活期帳戶時，已看到均已入帳，品川隨即自行在網銀上操作，並且在LINE上面寫信給黃檢察官說：

「**a.中國信託銀行美金定存15,000元，換匯1：31.779=476,685元，截圖如上；**」

「**b.匯豐銀行無法截圖，定存美金10,000元，換匯1：31.754=317,540**

元。」

黃檢察官到了十點五十分才在LINE中回覆：「兩筆美金定存，轉台幣之後總計七十九萬四千兩百二十五元，請轉入七十九萬至金融監管帳號監管；」

「以上對話紀錄留檔備案備查。」

由於檢警偵查「龍華吸金案」的金融監管帳號是被設定在品川的富邦銀行帳戶裡頭的中國信託銀行約定轉帳帳號。因此匯豐銀行與中國信託銀行帳戶裡頭的存款金額必須先轉帳至富邦銀行的帳號，再經由富邦銀行轉帳至已約定的中國信託金融監管帳號，這個過程實在很麻煩。可是品川就是這麼有耐心，這麼的「傻直」配合黃檢察官的辦案。

於是品川又騎著機車來到中國信託銀行的淡水分行辦理匯款，由於等待匯款的人眾多，品川在等待匯款的期間，也一面操作匯豐銀行的網銀，想把換成台幣的金額轉帳至富邦銀行，但屢次轉帳均無法成功，後來才發現匯豐銀行的非約定轉帳帳號，每月不得超過一百萬轉帳金額，目前只剩下二十五萬的轉帳額度，所以品川這次只轉帳二十五萬至富邦銀行。

但品川心裡盤算，中國信託銀行這次必須轉帳五十四萬至富邦銀行，才夠七十九萬轉帳至金融監管帳號；品川一看自己中國信託銀行活期存款餘額還有五十六萬多元，心裡踏實許多，因爲這樣就不會影響黃檢察官的辦案期程。品川在中國信託銀行的匯款單就從原先寫的四十八萬更改爲五十四萬了。

品川自己改變中國信託匯款金額這件事，還感覺自己很聰明做對了一件事，內心存著一絲絲的成就感。

其實，品川會如此配合檢察官的偵辦，就是想趕快把這樁被陷害的「龍華吸金案」，讓黃檢察官儘速結案，不要讓自己的生活被綑綁住，生命活在恐懼之中。

接著品川就趕緊在LINE中寫信給黃檢察官說：「目前來中國信託銀行辦理銀行業務的人非常多；另外匯豐銀行只讓我轉帳二十五萬元，可能已達到非約定帳號，每月只能匯出一百萬的上限。」

很快地黃檢察官就回覆說：「請問當事人能從中國信託銀行補足五十四萬嗎？看銀行存款紀錄中國信託銀行是能夠足以支付的；可能現在接近月底了，所以來銀行辦業務的人多吧！沒關係等當事人回到家中再LINE通知，檢座再回覆電話。」

此時時間十一點二十四分品川已辦好匯款業務，已從中國信託銀行匯款五十四萬至富邦銀行，也馬上將「匯款單」拍照傳送至LINE上面給黃檢察官看，這種行爲品川似乎在證明自己做事積極任事，也非常配合黃檢察官的分案偵查，接著品川隨即在LINE裡面這樣的寫著：「已從中國信託銀行匯款五十四萬元，存款只剩兩萬六千元。」

在品川傳信息給黃檢察官不到一分鐘的光景，在LINE中即刻看到黃檢察官高效率的回覆：「以上對話紀錄留檔備案備查。」

品川在中國信託銀行淡水分行辦好匯款至富邦銀行之後，隨即騎機車回家，當品川一到家，馬上在LINE上面寫字給黃檢察官說：「已到家，可通話。」這時候時間已來到十一點四十四分。

時間過沒多久，大約十一點四十五分，品川家裡的室內電話鈴聲響了，品川知道是黃檢察官打來的分案偵查電話，品川一個箭步走到廚房拿起無線電話筒，一邊跟黃檢察官說話，一邊走到餐桌，坐在餐桌旁的椅子上。此時黃檢察官在電話中告訴品川說：「美金定存解約換匯七十九萬元已入金融監管帳號了嗎？下午還要去辦理保險單監管事宜。若七十九萬元已入金融監管帳號，檢座會請監管科馬上開收據給你。」

「報告檢座，我剛看到我的富邦銀行網銀已入兩筆金額總計七十九萬，我馬上轉帳至金融監管帳戶。」不到兩分鐘的光景，此時時間來到十一點四十八分，品川已從富邦銀行轉帳至「中國信託銀行」的金融監管帳號，並且截圖傳送至LINE上面給黃檢察官看。並在電話中持續與黃檢察官對話，告訴黃檢察官等一會兒會向富邦人壽的服務人員，查詢每筆保險單可借款金額，以及每筆借款利率多少。並順便詢問黃檢察官何時可辦理結案。也在電話向黃檢察官秉告，晚上與老婆大人有約要一起在外面用餐。

很巧合，品川外幣監管金額爲七十九萬元，保險監管金額也同樣是七十九萬元。

—完成外幣與保險監管後建請主檢結案

黃檢察官就在電話中告訴品川說：「當事人不用緊張，依據目前調查情況你應該沒什麼問題，但爲了進一步釐清案情，監管科認爲還需要監管當事人的美金定存，以及保險單，待這兩項資金監管科檢查之後，若沒什麼問題，檢座會很快向主任檢察官報告，建請結案。待會我會詢問監管科有沒有收到你的入帳。」

「要謝謝檢座，請檢座向主任檢察官報告，早日辦理結案。若監管科已收到入帳金額，也請監管科給予收據。」

此時，時間來到中午十二點十七分，品川與黃檢察官通話完畢之後，黃檢察官在LINE中傳來「以上對話紀錄留檔備案備查」的信息。過了一分鐘，十二點十八分，黃檢察官又傳來一個圖檔，是「台北地檢署公證科收據」，證明已收到外幣監管金額七十九萬元的收據。圖檔下面馬上出現一則話又說：「以上對話紀錄留檔備案備查。」

—保險服務人員回覆保單可借金額

品川照著黃檢察官「龍華吸金案」的分案偵查的指示，完成了美金定存的金融監管作業，但品川在家中一刻也不停留地馬上撥電話到富邦人壽詢問有關保險借款的相關事宜，富邦人壽客服接到電話後轉接至保險借款部門，是一位保險服務人員張小姐接的電話，「請問薛先生您要辦理保險借款業務嗎？」

「是的，請問到目前每張保險單可借款多少呢？每張保單的利率多少呢？」

「好的，我馬上查詢……，薛先生您有五張保單可借款，我一項一項告訴您。」

「好的，謝謝您。」

這時品川也拿起紙和筆，一邊聽張小姐說明保單內容，一邊動手在紙上紀錄每張保單可借款金額，以及借款利率。

品川了解自己保單借款金額與利率之後，再次請教富邦人壽張小姐說：

「我今天下午想要過去富邦人壽辦理保單借款，請問要到富邦人壽哪個地方辦理呢？」

「薛先生，我告訴您地址，這是富邦人壽服務據點，地址是台北市南京東路二段139號四樓。」

「非常感謝。」

品川一掛掉電話，這時候時間剛好來到中午的十二點三十分，即刻在LINE上面寫信告訴黃檢察官每筆保單可借款金額及借款利率，品川是這樣寫的：

「黃檢察官您好，與富邦人壽保險服務人員張小姐對話內容如下：

至今日九月二十九日五張保單可借款金額：

保單號碼01，386,445元，利率6.25%。

保單號碼02，324,850元，利率3.95%。

保單號碼0966，44,921元，利率3.75%。

保單號碼0786，26,872元，利率3.5%。

保單號碼0218，12,515元，利率3.5%。

以上可藉金額總計795,603元。」

黃檢察官也在十二點三十四分回覆品川的信說：「當事人薛先生表達得非常清楚，請當事人前往辦理，辦理過程請進度回報；當事人在此案件接受分案調查保險監管金額與外幣一樣（七十九萬元）。特此聲明！」「以上對話紀錄留檔備案備查。」

品川看見黃檢察官在LINE中的回覆內容，隨即回答如下：「準備離開淡水至南京東路二段四樓辦理借款。基本上，我是不會借款的，因爲了配合貴署辦案，只好全數借出。」

約莫過了四分鐘，時間來到十二點三十九分，品川在LINE上面看見黃檢察官回覆說：「辛苦當事人配合法律調查之盡的義務與責任；待這筆款項的監管落實，預計在十月中旬前能夠結案。當事人的活期存款、投資理財已依照比例監管，結案之前也會再三詢問當事人，以不影響權益的情況之下，有沒有指定收款帳戶，以及造成財損補貼，需不需要另外提供帳戶受款？」

「以上對話紀錄留檔備案備查。」

—赴富邦保險公司辦理保險單借款

品川依據黃檢察官「龍華吸金案」的分案偵查，騎機車到淡水捷運總站搭乘捷運到中山捷運站，再轉捷運松山線至南京復興捷運站下車，接著快步行走約七分鐘抵達南京東路二段139號四樓的富邦人壽服務據點，此時時間已來到下午的兩點三分。品川隨手拿起手機在LINE中寫信向黃檢察官回報說：「已抵達南京東路富邦人壽大樓，目前前面還有十一位保戶等待申辦保單借款。」

黃檢察官到了下午兩點三十八分才在LINE裡頭寫信回覆說：「薛先生，不影響你與你太太約定共餐的行程，你把進度回報即可，明日的分案聯絡在LINE上回覆『報到』，不影響你的正常工作。」

「若明天九月三十日產生任何的保險分案監管，那一樣在LINE上面溝通，明天下午檢座有庭訊要進行。」「以上對話紀錄留檔備案備查。」

「請問黃檢察官，保險借款金額七十九萬也要匯款至富邦銀行帳戶，再轉帳至約定監管帳號嗎？」

「薛先生，正確。」

「有任何進度你在LINE上面說一下吧！檢座現在要去主任辦公室。」

「以上對話紀錄留檔備案備查。」品川看過黃檢察官在LINE裡頭的回覆內容，就安安靜靜地在富邦人壽大樓的四樓客戶等候區，等候保險服務人員通知辦理保單借款。

富邦人壽的客戶等候區，像一個Lounge Bar，坐在裡頭，讓人感覺倍受尊重；不過在疫情期間，品川爲了防疫，就坐在等候區角落的一張沙發椅子上，一方面等候保險服務人員的通知，一方面拿起隨身攜帶的《商業周刊》安靜的閱讀。約莫過了二十分鐘，保險服務人員廣播通知品川至八號窗口辦理保單借款。

品川與富邦人壽保險人員交換意見之後，完成五筆保單借款，這時候時間來到下午的三點十六分；品川還未走出富邦人壽大樓的四樓，就迫不及待的急著寫LINE向黃檢察官報告進度，深怕沒有處理好，會得罪黃檢察官，導致黃檢察官對品川有著不好印象，而影響辦案的期程。因此，品川馬上在LINE上面鉅細靡遺的回報說：

「a.已辦理完成保單借款；

b.保險櫃檯人員直接教我如何在我手機網路上操作保單借款，借款手續完成後，因已經是下午三點八分，無法當日撥款；

c.過了約三分鐘，馬上接到富邦客服來電（錄音電話），詢問了好幾項查證問題，過關之後才放行；

d.因此款項明日才會入我富邦銀行帳戶，我也才能轉帳至約定監管帳號。

以上說明。」

——主檢要求跟進監管進度儘早結案

品川下午三點十六分向黃檢察官報告保險單借款進度之後，品川直等到下午的四點二十一分才在LINE中看見黃檢察官的回覆：「**檢座剛向主檢報告分案進度，也明確表示月底前，也就是明日九月三十日落實保險監管執行。主檢要求跟進監管進度，該呈報的補助攸關當事人的權益，應儘早結案。**」

「當事人明日查詢入帳後，請執行監管程序，並主動回報。」

「以上對話紀錄留檔備案備查。」品川看見黃檢察官回覆的內容，隨即在LINE裡頭寫信給黃檢察官說：

「a.明日富邦銀行一入帳，會即刻轉入約定監管帳號，並在LINE中截圖回報。

b.九月三十日我太太沒有上班在家中，是否只在LINE中聯繫呢？」

品川回信給黃檢察官之後，約莫過了五分鐘，時間來到下午的四點三十二分，品川在LINE中看見黃檢察官的回覆說：「當事人正常工作即可，進度在LINE中回報，檢座明日下午有庭要開，我會事先告知監管科同仁查詢入款就申請公文收據，煩請當事人等候，可能會比平日慢一點，除非當事人在中午前執行完成監管，就不用等候太久。」

「以上對話紀錄留檔備案備查。」品川看見黃檢察官回覆的內容，沒有特別的喜樂，因爲今日從早奔波辦理美金定存解約的事，下午則忙碌辦理保單借款的事，直到下午四點半才停歇了腳步，是已經很累了，只冷冷地回答說：「感謝您的通知。」

2.利用詐術、恐嚇、引誘與洗腦詐取所得

品川在九月三十日早上六點與阿桂一起喝咖啡享用早餐時，阿桂突然跟品川分享他公司最近有位住民被詐騙集團利用的故事。阿桂說：「我公司住民自己的存摺有一天突然增加了幾十萬元，沒多久就有人撥電話給我住民，說匯錯了，請我住民把錢匯到他指定得帳戶還給他。並恐嚇我公司的住民說，若錢不匯還到這個戶頭，將報警處理。我的住民因害怕沒有報警，就按歹徒指定的帳戶，把錢匯還給他。結果我公司的住民竟變成共犯。現在還被警察調查中。」

「哇！歹徒眞是可惡。所以有時候意外之財不見得是好事。」

「對呀！詐騙集團眞是無孔不入、可惡！」

這時阿桂突然話鋒一轉問品川說：「美國衆議長裴洛西八月六日訪問台灣之後，中共就一直軍演不斷，台灣股市也受到影響，而且中共又開始使用小動作，假借莫名理由，禁止台灣鳳梨等水果，或某些水產，如石斑魚等農產品銷往大陸，兩岸眞的會打起來嗎？」阿桂會這樣問品川，是因爲阿桂自己的投資理財，有一大部分的份額擺在股票市場裡頭，顧慮股市大跌財產會縮水。

—採用行銷、恐嚇與利誘掌控主導權

品川這時從餐桌上拿起他的咖啡杯，喝了一口香濃的咖啡，也順手拿起盤子裡頭的手工肉包，嘴巴輕輕地咬了一口，清了一清喉嚨，回答阿桂的問題說：**「這是中共的恐嚇戰術的做法，效果應該有限，妳看台灣的股票市場，有跌很深麼？股票市場是經濟的櫥窗。這波股市表現不像一九九六年台海危機那樣嚴重，現在已站上一萬六千多點。」**

阿桂接著又問品川說：「下半年的不動產市場好像也沒有很好，你也都沒成交半間房子。」

「是的，台北市的不動產市場表現不好，是有點停滯。這與俄烏戰爭之後，美國對俄羅斯使用經濟制裁，俄羅斯也對歐洲實施能源戰有關。因而造成原物料上漲，世界各國通膨，台灣也無法倖免。」品川語帶不悅的回答阿桂的問題，惟因聽到阿桂說品川下半年都沒成交半間房子，自尊心有點受損。

阿桂接著又問品川說：「阿共會不會眞的打過來？美國眞的會維護台海安全？日本已故首相安倍說：『台灣有事，就是日本有事。』日本眞的那麼看重台灣嗎？」品川對阿桂提出的問題，眼睛扎了一下，心中默念著，阿桂原來也這麼關心國家大事，想必與她的股票有關，就分享他的個人觀點如下：

「阿桂你的問題讓我想起一九九六年台海危機時，我正在新加坡一所著名的智庫做短期研究；當時中共對台灣發射飛彈，主要原因是李登輝總統提出『兩國論』，激怒了江澤民；而當時的世界輿論認爲李登輝總統這麼做是個Trouble Maker，連東協國家的輿論也是向著中共傾斜。這是時勢使然，因爲當時西方各國對專制的中國仍懷抱著夢想，以爲中國大陸從事經濟改革發展，人均GDP到達3,000美元之後將使得大陸中產階級人口增加到某種程度，就會迫使共產黨從事政治改革，成爲民主國家。但當時台灣提出的『兩國論』時空背景極不被國際社會所接受，反而誤認爲台灣是個Trouble Maker。而美國在當時情況爲什麼還要派航空母艦巡防台灣海峽呢？待會我再一起分析。

然而現在時空背景改變，歐美國家發現大陸經濟快速發展的結果，對共產專制政權更加穩固，共產黨可利用先進科技技術爲所欲爲的控制中國人民的言論與自由，以及藉由『孔子學院』向世界各國行銷共產黨的偉大思想，更遑論共產黨經濟改革成功後會從事政治民主改革了。

現在中共飛機與軍艦一直繞著台灣軍演，恐嚇台灣若不接受『九二共識』，就是搞『台獨』，就要武統台灣，而且也要把南海劃爲中國固有領土，造成美國及其盟國的不滿，反而現在被世界各國認定中共是個Trouble Maker。現在西方世界看到中共的野心，已慢慢認清共產黨的邪惡與侵略者本質，更引發美國再三承諾維護台灣民主自由，以及保障台海安全的重要性。」

品川這時拿起咖啡杯喝了一口咖啡，繼續分享他的看法：

「一九九六年和二〇二二年迄今的這兩次的台海危機，美國都派出其航空母艦巡防台灣海峽，美國此舉，若更深層次的分析，其實都因與台灣科技掌握全球關鍵技術有關，一旦台灣有事將會影響美國甚至全世界的科技發展與國家安全，台灣這種依靠掌握全球關鍵科技技術，來保護國家生存發展的作爲，稱之國防的『矽屏障』。但我認爲『矽屏障』這個觀點是西方的思維，若從共產黨的思維，他們要的是所謂的『國家統一』，會不惜代價發動戰爭。」

「不過，阿共爲了佔據和侵略台灣，會持續對台灣實施認知戰，以及對台灣政府及全世界做了許多威脅利誘的事情，這種行爲跟《聖經》裡頭的一則故事，『亞述王要毀滅南國猶大』所採用的伎倆非常神似。」

「我很想聽，你可以進一步分享這一則故事的內容嗎？」阿桂語帶渴望想聽品川分享這則故事而如此的說著。

—引用《聖經》故事透視恐嚇與詐術

品川這時緩緩的拿起咖啡杯，把杯子放在嘴邊，慢慢地喝了一口香濃咖啡之後說：「好的。」就走到書房拿起《聖經》，再快速的走回到餐桌，翻開《舊約聖經．以賽亞書》第三十六章，就跟阿桂分享《聖經》內容如下：

拉伯沙基是亞述國當時的一位政治委員，他到耶路撒冷對南國猶大（按：當時國王名叫希西家）的百姓說：

你們去告訴希西家說，亞述大王如此說，希西家所倚靠的有甚麼可仗賴的呢？希西家跟你們說，你們有打仗的計謀和能力，我看不過是虛話，希西家到底倚靠誰，才背叛我呢？

看哪，希西家所倚靠的埃及，是那壓傷的葦杖，人若靠這杖，就必刺透他的手，埃及王法老向一切倚靠他的人，也是這樣。希西家若對我說，我們倚靠耶和華我們的神。希西家你豈不是早已將神的邱壇和祭壇廢去，現在卻又迴轉對猶大和耶路撒冷的人說，你們當在這壇前敬拜麼。

現在你把當頭（註：典當、抵押之意）給我主亞述王，我就給你二千匹馬，看你這一面騎馬的人夠不夠。若不然，怎能打敗我主臣僕中最小的軍長呢？希西家你竟倚靠埃及的戰車馬兵麼。現在我上來攻擊毀滅這地，豈沒有耶和華的意思麼。耶和華吩咐我說，你上去攻擊毀滅這地罷。

拉伯沙基說，我主差遣我來豈是單對希西家和希西家的主說這些話麼，不也是對這些坐在城上，要與你們一同喫自己糞喝自己尿的人說麼。於是拉伯沙基站著用猶大言語大聲喊著說，你們當聽亞述大王的話。王如此說，你們不要被希西家欺哄了，因他不能拯救你們。

不要聽希西家的話……，你們要與我和好，出來投降我，各人就可以吃自己葡萄樹果子……，喝自己井裡的水。

這時猶大西希家王就吩咐他的百姓說：「不要回答。」

a.「三不政策」是對抗詐騙最佳方法

接著品川接續這則《聖經》故事，做了些許結論，分享給阿桂說：

從上述這則故事，顯見亞述國拉伯沙基是位辯才人物，南國猶大無人可以媲美；而且拉伯沙基精通語言、地理、歷史、哲學、經濟，他企圖用他的才華說服南國猶大的居民投降，不要征戰。希西家王知道拉伯沙基的伎倆，就對他的百姓忠告說：「不要回答他。」這與國民黨在蔣經國總統執政時期，對中共提出的「三不政策」——「不接觸、不妥協、不談判」是不是也有那麼一點雷同的味道呢？而妳公司的住民面對詐騙集團的手法或許採用經國總統的「三不政策」會很管用。

綜觀亞述國拉伯沙基對南國猶大百姓所說的話，像不像在跟猶大百姓洗腦呢？再對照目前中共對台灣老百姓所說的話，以及詐騙集團的行騙手法是不是也有一點異曲同工之妙。

阿桂接著又問品川說：「共產黨的確是很厲害，不僅是行銷高手，又有謀略。那麼我再請教你，中美貿易戰和科技戰，最後會鹿死誰手呢？」

b.「思維」決定戰爭與自由民主

「我認爲不論是中美貿易戰，或是中美科技戰，基本上是一種「思維」戰

爭，美國的思維是從「自由民主」去思考的，而共產黨的思維邏輯則從「一黨專制」的角度去思考，所以兩方才會有落差。很可惜，習近平改變鄧小平的「韜光養晦」思維，急於要實現中國夢，改採「東昇西降、戰狼外交」思維，反而與西方世界為武，自食惡果。最近德國經濟專家委員會主席Monika Schnitzer就表示：『德國決不能，對習近平可能派兵入侵台灣的風險表現得『天真』，在為時已晚之前，於安全相關領域切斷與中國的聯繫。』所以決不能輕忽習近平對台動武的可能性。」

「有人說台灣像烏克蘭，你有何看法呢？」

「我認為不像，烏克蘭人是個戰鬥民族，對俄羅斯入侵，敢於戰鬥；而台灣人民基本上是善良的，沒有戰鬥個性，面對中共入侵，最好不要硬碰硬，要發展軟實力，並聯合美日共同抵抗。而普丁與習近平作法很雷同，普丁跟烏克蘭說，因烏克蘭要加入北約，為了國土安全，所以要攻打烏克蘭；習近平跟台灣說，不認同『九二共識』，就是搞台獨，為了伸張主權，所以要軍機繞台，恐嚇武統台灣。假若烏克蘭不加入北約，普丁就不會發動佔領烏克蘭的戰爭嗎？同樣的議題，假若台灣接受中共的『九二共識』，中共就不會軍機擾台，就不會有戰爭嗎？**顯然這是普丁與習近平所使用的恐嚇與詐術手段。」**

阿桂聽完品川的分享，因急著六點半出門搭公車並轉搭捷運上班的關係，沒有時間再繼續閒聊下去。

阿桂動作很快，拿取包包開門準備坐電梯出門上班前，品川會走到門前目送阿桂出門，並向阿桂道聲：「平安。」**品川目送阿桂上班之後，內心又回到眞實的世界，必須一個人獨自面對「龍華吸金案」分案辦理的壓力和恐懼。**其實品川的內心是極不安寧的，整個思緒常被「龍華吸金案」給佔據，極度期許黃檢察官能早日結案，還他清白。

品川爲了平撫內心的恐慌，經常一個人在書房這個避風港內低著頭安靜地向上帝祈求禱告。今早品川一如往昔，禱告後，隨即在LINE上向黃檢察官「報到」說：「黃檢察官早，祝福您今日工作一切順心如意。」這時候時間定格在六點四十七分。

—月底事務忙下周審閱保單借款相關資料

品川早上在LINE上向黃檢察官的「報到」，到了八點三十八分才在LINE上看到黃檢察官回覆說：「薛先生早，檢座上午待在辦公室時間比較多，下午有庭訊要進行，有任何進度回報，儘可能及時回覆你。也祝福當事人工作順心順利。」

「以上對話紀錄留檔備案備查。」

品川今日分案調查需辦理的事情是，「等候自己向富邦人壽的借款金額七十九萬元匯入自己的富邦銀行帳戶之後再轉帳入金融監管帳號」，但品川每隔幾分鐘就打開手機富邦銀行的網銀ICON，查看入帳了沒？

「現在已上午十點八分，富邦銀行尚未入帳。」品川第一時間在LINE裡頭回報信息給黃檢察官。

「好的，以上對話紀錄留檔備案備查。」黃檢察官到了十點十九分也第一時間在LINE中回覆品川。

品川實在太「傻直」和盡責了，每隔幾分鐘就打開手機檢視富邦銀行網銀的ICON，查看富邦人壽的保單借款七十九萬元匯入富邦銀行了沒？

時間來到上午的十點五十四分，品川終於看到已入帳，隨即用手指按幾個動作，不到五秒，七十九萬元就轉帳至約定金融監管帳號。

品川在十點五十五分馬上截圖傳至LINE中給黃檢察官看，並在LINE上面寫字給黃檢察官說：「已入七十九萬元至金融監管帳號，敬請查收。」黃檢察官在十點五十六分也在LINE中回覆品川說：「檢座去監管科辦公室一趟，薛先生請稍後。」然而品川直到十一點三十六分才在LINE中收到黃檢察官傳來的「台北地檢署公證科七十九萬元的收據」。

說實在的，品川是位注重效率的人，很快就在LINE中回覆說：「已收到，謝謝您。」

黃檢察官也在十一點三十八分回覆說：「**檢座已經跟主檢回報監管進度已落實**；下次分案於下周一當事人正常工作即可，在LINE回覆『報到』。」

緊接著黃檢察官又在LINE上說：「**目前正是月底月初交接時，案件的調閱審核事情會比較多，已經要求相關保險公司提供相關資料，因此分案產生的借款書面過程於下周一審閱。**」黃檢察官接著又說：「**檢座對此案保持樂觀，當事人也不要給自己過大的心理壓力**，周末假日若有出行，請注意安全、注意防疫。現在已是中午時間了，當事人趕緊用餐吧！下午檢座有庭訊，就暫且不回覆相關信息。」

「以上對話紀錄留檔備案備查。」

「好的，感謝您！期望早日釐清案情，也感謝您的用心辦案。更想知道我的個資是怎樣流出而被用來詐騙，還有背後是否有人主導要陷害我個人呢？」

黃檢察官看到品川在LINE上所寫的內容，立即回覆說：「**檢座只是做我該做的事，不必感謝！真要謝，等釐清自己的相關法律責任也不遲。**」

這時品川傳了一個「Good！」貼圖給黃檢察官，就暫時結束今日的分案偵查。

—聲稱查到販賣個資歹徒安穩當事人心情

十月三日星期一品川按照黃檢察官上星期五的分案聯絡通知，早上必須向黃檢察官在LINE中「報到」。品川早上用好早餐，時間選在七點整在LINE中「報到」說：「黃檢察官早，祝福您今天有個美好的工作時光；這個星期三上午會到台北市松山區，參加我教會一位長老的告別禮拜。」

然而這一天有一點不一樣，黃檢察官不是在上班時間八點三十分以後回覆信息，是在七點四十八分在LINE上面回覆品川說：「薛先生早，以上對話紀錄留檔備案備存。」

但時間來到接近中午的十一點五十六分，品川在他的LINE上面看見黃檢察官傳來的分案調查的信息說：「**上午開了本月第一個月會，下午將會審閱保險公司的書面資料**，明日檢座整天有兩個庭訊要進行，當事人明日LINE『報到』即可，周三當事人的私人行程已備案紀錄，周三一樣在LINE上『報到』即可。」

「以上對話紀錄留檔備案備查。」

「**OK**！感謝黃檢察官的通知。」

時間來到中午的十二點五十六分，品川在LINE中又收到黃檢察官傳來的分案偵查信息說：「**已申請調查明日去新北市中和區莒光路某民宅的搜索票**；此次對象是前大陸工程股份有限公司的退休職員，男性，疑似家中經濟因素，有販售個資的情況，會查實清楚薛先生你的個資是否有經此人外洩犯罪行爲，**也請當事人稍安勿躁，檢調都在偵辦，過程需要時間**。」

「以上對話紀錄留檔備案備查。」

「非常感謝您的告知。」品川很高興地在LINE裡頭回覆。

3. 詐騙人心存奢望，勤勞人豐足有餘

十月四日星期二這一天，黃檢察官因有庭訊要開，昨天已告訴品川，分案調查，僅在LINE中「報到」即可。因此，品川在早上六點三十四分與阿桂一起用完早餐，就靜靜地、默默地，不讓阿桂發現他的行爲舉止，極爲快速的在LINE裡頭回報黃檢察官說：「黃檢察官平安，願上帝眷顧，祝福您有美好的一天。」緊接著戴上鴨舌帽，穿上運動鞋與阿桂一起出門運動了。

這一天黃檢察官到了上午八點十九分才在LINE上回覆品川說：「薛先生早，謝謝你的祝福。」

今日黃檢察官的分案調查就暫告一段落。但這一次黃檢察官竟沒有在LINE裡頭回覆「以上對話紀錄留檔備案備查」這一句話。

品川今日的分案調查黃檢察官並沒有特別事情要詢問；藉此，品川下午就打LINE電話給以前做不動產的同事阿銘，想與阿銘商討不動產合作方案，就約在淡水沙崙路一家咖啡廳見面；阿銘以前自己當過老闆，在台北市開過兩家不動產公司，當時賺錢如流水。可惜男人一有錢就會花心，常把賺來的錢花在眼前的情

慾之上。

阿銘自己也曾經有過二段婚姻，最後均因「割地賠款」收場，各給了兩位前妻一棟房子，現金三百多萬。目前與一位曾經當過空姐的女士住在一起，他們沒有登記結婚，也不敢再生小孩了。

品川到了咖啡廳，從窗外看見阿銘已坐在咖啡廳裡頭，旁邊又坐了一位以前同在老東家上班的老同事輝哥。

「阿銘、輝哥，你們好，好久不見……。」品川一進門這樣地喊著。

品川接著又說：**「最近不動產生意好嗎？」**

「不好呀！受疫情及俄烏戰爭影響很大，甚至受阿共的繞台軍演影響……。

對了，品川，我已幫你點了一杯咖啡。」

「阿銘，我最近接了三塊有委託契約，將近兩千多坪的農地要找買主，你那邊有沒有買方呢？」

「現在很難找買主呀！自從政府準備實施平均地權法的消息出來之後，農地買賣似乎就熄火了；現在若不是都市計畫內的農地是很難銷售的。你把地號給我，我幫你找一找買方。」

「好的，麻煩阿銘了，若有成，我們按規定拆分服務費。」

阿銘接著又說：「**若是以前，我早就下手投資了，現在沒甚麼錢，最近又被越南妹騙了一些錢，跟我說要還債，請我幫忙。**」

「哪裡認識的越南妹呢？」

「在泰式按摩店。」

「人長得甜美，身材又好……幹！最近這位越南妹又向一位住在三重想結婚的工人騙錢，跟那位工人說，給他一百萬，馬上跟那位工人登記結婚，結果是登記結婚了，一百萬也拿到了，越南妹馬上嫌棄這位工人家裡沒錢，就偷偷離開這位工人，工人找上她要她還出一百萬，這位越南妹又來找我幫忙。幹！這次我才不理她呢……。」

這時阿銘的談話被端來三杯咖啡的服務生給打斷了……。

這時輝哥說話了：「阿銘你是遇人不淑，**我在一家泰式按摩店就遇到一位很了不起的越南妹**，大約四十歲左右，生了三個小孩，**她一天接三份工作**，第一份工作是**清掃自己按摩店內的清潔工作**，老闆每月給她24,000元，掃完之後**接著又到台北市一家公司做清潔工作**，月薪17,000元；**下午三點過後又回到泰式按摩店**

幫客人按摩，聽她說月薪有超過四萬元，這三份工作的收入加總起來，這位越南妹一個月總計有八萬多元的收入，若再加上按摩客人給的小費，那就更多了。」

輝哥又補充說：「據這位越南妹跟我說，她在越南沒有讀書，因家裡很窮，父母沒有錢給她繳學費，到了學校念書時，學校會廣播沒有繳學費的學生名字，因聽到自己的名子在裡頭，很沒面子，就不敢去學校上學了。據她說，她只讀到小學二年級就休學，二十歲就嫁來台灣；目前她每月儲蓄保險及醫療保險約四十萬台幣，比我還有錢。」

阿銘接續輝哥的話說：「算你遇到好的越南妹。幹！幾年前，又有一次我去越南按摩店按摩，碰到一位越南妹可憐楚楚地跟我說，她爲了幫助越南家人辦理父親的喪事，跟地下錢莊借了四十萬，現在每月要還利息四萬元，快活不下去了。我很同情她的處境就拿四十萬元幫她的忙，並請她事後慢慢還給我本金即可。幹！但拿錢給她當天又說少四萬，我說爲什麼？她說當月利息錢也要幫她還；但沒想到借錢給她還地下錢莊之後，就開始出現一堆人要找她要錢還債，才知道她早已經欠許多越南同鄉好幾筆錢未還，而我借給她的那筆四十四萬最後也要不回來。幹！好心沒好報。不過，聽說她現在萬華一帶當妓女了。」

這時輝哥大笑了幾聲，接續地說：「**阿銘，你眞是位好人**。不過，我在一間大陸人開的按摩店按摩，情況就有點不同。許多大陸姑娘，在台灣從事按摩工作，很多學歷不高只有小學畢業而已。因家裡窮，家鄉又找不到工作，藉由依親來台灣從事按摩工作賺錢，賺到的錢就寄回大陸養小孩。還有一些大陸姑娘是以假結婚名義嫁來台灣，在台灣找清潔工作賺錢養家。好像這些從事按摩工作的大陸姑娘，很多都來自大陸福建省福州，聽說在萬華區就有福州一條街。」

品川這時也分享他的所見所聞說：「**我發現許多來台灣留學的越南大學生，他們會選在台灣人開的腳底按摩店，以及越南媳婦開的修指甲店打工**。這些越南留學生大都因家中不富裕，家人無法提供他們在台灣的生活費，必須自己賺學費和生活費，他們甚至還把打工賺來的錢寄到越南幫助他們家裡的弟妹求學，這種舉動令人敬佩。」

輝哥接著分享說：「有一次我到台北民生西路一家越南修指甲的店去修腳皮和剪腳指甲，那家修指甲店老闆是越南籍姑娘，嫁到台灣已二十幾年，開這家修指甲店也超過二十幾年，來修指甲的的客人有男有女，幾戶是住在附近的老客戶。**據老闆娘說，她經營這一間修指甲店，由於生意興隆，她賺到的錢已能夠讓**

她在台灣買到自己的一間房子，也改善了越南家人的生活環境。目前店裡面的修指甲師傅，不是她妹妹，就是嫁來台灣的越南姑娘在裡頭工作。」

「不過，我也遇到一位大陸姑娘在大陸東莞做生意失敗，欠了許多錢，爲了躲債只好跑來台灣從事按摩工作，不敢回大陸。」輝哥接續分享他的故事。

阿銘這時候補充說：「有一次我在一家大陸人開的泰式按摩店，給一位嫁到台灣的越南姑娘按摩，因**台灣老公整天遊手好閒**，**她**受不了，**只好跟他離婚**，一**個人靠按摩養活兩個小孩**。**兒子目前讀台灣大學**，準備考公費留學，**女兒則剛考上高雄科技大學**。兩個小孩都好優秀。」

「哇！台灣眞是寶島，幫助許多越南姑娘與大陸姑娘來台灣賺錢養家。」品川很感恩的說著。

輝哥又補充說：「事實就是這樣，沒錯。」

這時品川接續輝哥的話說：「有一次我到西門町處理不動產的事情結束後，身體有點疲累，就走進一家腳底按摩店按摩；剛好輪到一位按摩女師傅按摩，她一邊替我腳底按摩，一邊跟我聊天，才知道她年紀和我一樣大，生肖屬豬，老家住在我高雄老家隔壁。她二十歲就上台北工作，在八大行業裡頭從事美容業；她說當時公務員的月薪三千多元時，她每月就有十多萬元的收入。我問她說，妳賺的錢有存下來嗎？『有！有！我鄉下人，沒讀什麼書，只是小學畢業；我現在在台北市有兩間房子，一間四房自己住，另一間一百多坪的商用住宅在林森北路租給別人。』哇！妳眞的很懂得投資理財。『後來阿扁當台北市長時掃蕩八大行業，我就離開轉行做腳底按摩。』那麼請問，妳年紀也不小了為什麼還要來從事按摩工作呢？有小孩嗎？『我單身，但我有一位私生子，兒子生下來不到七天就被一位女人抱走了，兒子的爸爸目前是位政治人物，我不能說是誰。因我一個人在家很無聊，就出來工作打發時間……』。」

品川呼應阿銘與輝哥的話題之後，就直接引導他們進入正題說：「我公司在疫情期間，業績影響蠻大的，下半年到現在幾乎沒有成交案件，不像上半年交易那般熱絡，新案子接進來，幾乎一個星期就成交了。而Apple案子，我們公司不敢登591廣告，深怕同業會來挖件，甚至破壞，顯見不動產銷售市場本身就是個紅海市場，競爭非常激烈。」

「我聽說老東家，在淡海新市鎮的成交還很正常，每月還有五件以上成交案件，似乎沒有受到疫情、俄烏戰爭，以及中美貿易戰的影響。老東家今年營收可能會突破兩千五百萬營業額。」阿銘接續品川的話說。

「哇！好厲害，眞是不簡單！」品川與輝哥同聲異口說。

品川下午就在淡水沙崙路這家咖啡店與老朋友們敘舊，就沒有到台北上班了。

4. 參加追思禮拜惟內心仍被案情轄制

早上品川與阿桂在餐桌上一起享用早餐時，阿桂看到餐盤裡的水果突然很不高興的對品川說：「**好幾次跟你說不要再去全聯或家樂福買水果，要買水果我去傳統市場買就可以了，傳統市場比較便宜。**」阿桂會如此動怒，主因是生氣品川早餐準備的水果不是從傳統市場買來的。

「家裡沒水果了，只好臨時去全聯購買水果。而每次妳從傳統市場買回來的水果，雖然比較便宜，但品質沒有很好，都有些瑕疵，像是外觀不好看，或是有些已太熟、有點爛了。我們都這種年紀了，應該對自己好一點。」

「全聯或家樂福買的水果比較貴。」

「我認爲不一定。」

「你自己都沒賺錢，要省一點。」

「每次吃東西都吃過期的，好東西都留在最後吃，這有什麼意義呢？」

「若我不省，你會有今天嗎？」

……**一早品川與阿桂就爲了買水果這一件小事，兩人爭吵個不停**，吃完早餐阿桂一句話也不說，就開門，一聲也不響，獨自一個人走路去運動；品川被阿桂嘴巴這麼一念，心中也是氣呼呼地，但還是摸著鼻子把碗盤收拾清洗乾淨，就待在家中沒有外出運動了。

「這樣也好，可以一個人清靜，不用偷偷摸摸地寫LINE向黃檢察官『報到』。」品川內心自己與自己的對話說著。

品川隨即在餐桌上靜靜地打開LINE，在LINE上寫字向黃檢察官「報到」說：「黃檢察官平安，今日十月五日要參加教會蔡長老的追思禮拜，感覺人生短暫，更應努力過好每一天。祝福您今日工作活力百倍、效率百倍。」

品川在LINE上面「報到」之後，**心中的掛慮雖減輕許多，但內心裡頭總是感覺有顆石頭壓在胸口似的，如影隨形**。

品川與阿桂兩人一早雖發生口角，但當阿桂運動回來之後，也就氣消烏雲散，就問品川說：「何時一起出門參加蔡長老的告別禮拜呢？」

「最晚八點半之前要搭上公車。」

阿桂聽到品川這麼一說，隨即衝到浴室裡頭沖澡，並準備八點半與品川一起出門搭捷運到松山長老錫安教會參加好友「蔡○○長老的追思告別禮拜」。

蔡長老的追思告別禮拜怎麼沒選在淡海教會舉行呢？而選在車程那麼遠的松山長老錫安教會呢？因松山長老錫安教會是蔡長老年輕時在此受裝備的教會，「親情、友情、耶穌情」都在此。

蔡長老在世時，每次聚會，總喜歡跟會友分享他自己的座右銘：「**敬天愛人。**」認為這是做一位基督徒該有的本份，他個人最愛的經文則是：「**公義憐恤謙卑行。**」而**蔡家的家訓則是**：「**知足常樂明是非。**」從這兩句話就可窺見蔡長老是位良善的好基督徒，以及一位有情有義的好管家。

蔡長老個人亦精於畫畫及熱愛閱讀，經常提供他看過的書籍分享給品川及阿桂夫婦閱讀。有一次，品川與阿桂到他住所，參加家庭聚會，**蔡長老特別推薦一本很經典的信仰書籍給品川閱讀，書名叫作《在清真寺尋找，十字架下尋見》**

（*Seeking Allah, Finding Jesus*），作者為醫學博士，納比・庫雷希；並請求品川閱讀完這本書之後，一定要回饋一下，強調必須用一首日本俳句精闢地寫出這本書的讀後心得。但品川當然知道，要用短短的幾行俳句的句子來表達出整本書的精隨是會顧此失彼，不容易做到的。然而品川對於蔡長老的期許，只好恭敬不如從命，接受這個挑戰。品川整整花了三個多星期的時間仔細品嘗和閱讀完這本《在清眞寺尋找，十字架下尋見》的眞實改變信仰的故事，其內容主要描述：

作者庫雷希博士本身，出生於典型的穆斯林家庭，五歲時就能用阿拉伯語背誦《古蘭經》，常常用阿拉伯語禱告，並在學校與人辯論耶穌的神性。對庫雷希博士而言，伊斯蘭就是眞理。但在他就讀的維吉尼亞大學時認識了一位基督徒好友，時常與這位好友辯論《聖經》與《古蘭經》的可信度；庫雷希博士在未認識這位基督徒室友之前，從未閱讀過《聖經》。但經過庫雷希博士自行的研究比較，發現《聖經》的可信度之後，從此就接受《聖經》的福音脫離《古蘭經》的伊斯蘭教了。

以上是《在清眞寺尋找，十字架下尋見》這本書寫作的背景。

品川遵從蔡長老的期許，很恭敬地閱讀完這本《在清眞寺尋找，十字架下尋見》的眞實信仰改變故事，爲此寫了一首「4-6-4俳句」的讀後心得回饋給蔡長老如下：

穆罕默德，威權暴力傳道，聖訓失眞；
耶穌基督，用愛救贖靈魂，普天同慶。

蔡長老看到品川回饋的4-6-4俳句詩詞內容，隨即用一首七言絕句回饋給品川：

樂見俳句傳眞言
口齒留香最値回

蔡長老很喜歡文學，台大外文系畢業，考上中國文化大學戲劇研究所，並與當時就讀該校音樂系的秀薇小姐戀愛結婚，在蔡長老與他的愛妻秀薇姐結婚五十周年時，他爲他們的金婚做了一首令人感動詩詞：

人生如夢光陰逝，攜手相伴終無悔；

有時豔陽有時雨，有時歡笑有時淚；
杖朝人生求健康，與世無爭喜樂心；
金婚夫妻天賜緣，相扶相持愛彌堅。

品川爲了慶祝蔡長老與秀薇姐的金婚，也特別爲他們夫妻寫了一首詩詞來祝賀：

東明善書畫，書畫中有話；
秀薇精廚藝，廚藝會說話。

由於蔡長老很喜歡日本俳句，俳句爲日本一種古老短詩，起源於中國漢詩的絕句，由4-6-4共十六字音，或者是由5-7-5共十七字音組成爲一首俳句。

蔡長老在慶祝結婚五十周年時，也寫了一首4-6-4金婚俳句：

金婚喜慶
父母愛子女情
親友見證

而他的愛妻也貢獻了一首4-6-4俳句：

五十春秋
同喜樂共甘苦
良人屬我

其實蔡長老也是品川的俳句導師，受他的影響很深，品川曾在他的一本不動產著作的每個章節前，會先用一首俳句做爲前導，精闢的點出這個章節的經要，有畫龍點睛之功效，讓讀者一看就明瞭。

品川雖然很思念友人，但在分案偵查期間仍不忘記隨時注意手機中的LINE，看看有沒有黃檢察官傳來的信息。

當日的時間來到上午的八點二十一分，品川發現他的「報到」，黃檢察官已「讀」，並已在LINE上面回覆信息，品川隨即打開LINE來看：「薛先生早，謝謝你的祝福，你出行在外注意安全、注意防疫。」「以上對話紀錄留檔備案備查。」

品川看見黃檢察官已回覆信息，內心就安心了，今日上午可以好好地向好友蔡長老告別了。

從品川隨時看LINE等待黃檢察官是否傳信息給他這一件事觀之。早已彰顯品川自己一直被「黃檢察官、報到」、「龍華吸金案」等字句給轄制了，且陷在其中，無法看清事實全貌。

品川因已向黃檢察官報告，上午要在松山長老錫安教會參加好友蔡長老的追思告別禮拜的關係，黃檢察官上午並沒有再傳任何信息給品川，但品川內心還是在等待黃檢察官的下一個分案偵查的指示，期待黃檢察官能早日結案，還給品川一個清白。

由於來參加蔡長老告別式的親友極多，告別式到了中午十二點三十六分才結束。惟品川與阿桂沒有參加蔡長老在金山基督教墓園舉行的葬禮儀式。隨即離開錫安教會，走路到松山車站Citylink的二樓美食街的日式燒肉餐廳「大和屋」用午餐。**品川在一面享用午餐，內心也得不到真正的平安，無時無刻看著手機裡頭LINE的內容，深怕漏接黃檢察官傳來的信息。**

時間約莫來到下午的一點八分，品川在他的LINE上面發現黃檢察官傳來一則信息說：「**薛先生，明日十月六日，你的行程如何呢？你太太是正常工作還是**

上班呢？」

因爲品川與阿桂正在用午餐閒聊的關係，當時沒有馬上看到黃檢察官傳來的信息，直到下午一點二十九分才在LINE中發現。這時品川內心覺得很對不起黃檢察官，沒有即時看到信息，便在阿桂面前「一邊假裝專心用餐，一邊假裝工作很忙」地回覆黃檢察官的信息說：「明天我太太上班，但明天上午公司開會。明天可能要約下午兩點或者一點半。」

隨即黃檢察官回覆說：「**檢座明日要再借提昨日帶回的民衆審訊，明日當事人正常工作，在LINE回覆『報到』即可。**」

「好的，感謝您！」品川如此的回答。

緊接著黃檢察官又傳來信息說：「因應下周一的雙十連假，故近日的工作量會加大，請當事人耐心等候，特此說明。」「以上對話紀錄留檔備案備查。」

這時品川突然想到雙十連假阿桂有安排登山健走活動，也隨即在LINE上面報告說：「另向黃檢察官報告，十月十日及十一日兩天，我與登山隊要攀爬苗栗的加里山，此行程在三個多月前即已安排。」

沒想到黃檢察官立即回覆說：「好的，請當事人務必注意自身安全，以上對話紀錄留檔備案備查。」

「OK！」

品川與阿桂享用過好吃的「大和屋」日式燒肉之後，也一起隨興逛了一下尚未開市的「饒河觀光夜市」，以及基隆河畔。中午天氣太熱，品川與阿桂在基隆河畔走了沒多久就一起搭捷運回淡水。但到了當天晚上阿桂跟品川說：「我們苗栗爬山的行程更改爲十月九、十日兩天。」

品川聽到爬山日期更改，內心有點緊張，怕得罪黃檢察官，隨即在LINE裡頭即刻回報黃檢察官說：

「對不起，改十月九日、十日兩天攀爬苗栗的加里山。」

但當天晚上黃檢察官並未讀取品川傳給他的這則急情！

5.「分案偵查」對當事人是種無形枷鎖

「龍華吸金案」的分案偵查對品川來說，是一種無形的枷鎖，品川多麼希望能早日掙脫掉這個枷鎖，好讓身心靈得以獲得自由。

十月六日早上六點十九分品川用完早餐之後，立即在LINE上面「報到」說：「黃檢察官早，星期四上午公司固定開會，討論不動產情勢。目前台灣不動產交易，受俄烏戰爭、中美貿易戰、中共對台武嚇、國際政經情勢詭譎多變，以及通膨與房貸利率調升影響，交易量逐漸減少。不過，在不動產情勢不佳情況之下，更應努力行銷。祝福您今日工作凡事平安順心。」

黃檢察官今日很特別七點日十九分就在LINE上回覆品川的報到說：「薛先生早！」

接著就沒有在LINE上面傳任何信息，直到八點十八分接續在LINE上面傳來信息說：「**能感受到你對工作的熱情，你的學經歷很豐富，生活狀態很積極，大環境在一切不好的情況下，疫情的存在讓很多人消極面對；**」

「相比之下，你很讓人佩服，檢座也祝福你一切順心如意。」

「下午檢座庭後，會再和你確認明日的分案聯絡時間。」

「以上對話紀錄留檔備案備查。」

品川看到黃檢察官已收到他的的分案調查「報到」，就放心地開始他今日的工作行程──「發送不動產傳單」。

今日**發送不動產傳單的地點，品川選擇松山區的饒河夜市**。因此，在品川早上騎機車要到淡水捷運站搭捷運之前，就已經先把三百份不動產傳單及筆電放入背包內。八點三十六分搭上捷運，約九點三十二分至松山捷運站下車，走出二號出口往前行，前面就是松山慈祐宮，右邊是松山國小，面對慈祐宮的左邊就是饒河觀光夜市，而慈祐宮的後方則是基隆河。品川和阿桂兩人就曾經從慈祐宮的後方沿著基隆河河岸健走到五堵車站，再從五堵車站沿著基隆河的左岸健走回到松山車站，然後再搭捷運回到淡水。

品川會突然選擇松山饒河觀光夜市這地區發送不動產傳單，主要是昨天參加好友蔡長老的告別式禮拜之後，發覺居住在這個舊社區房子裡頭的居民應該有換屋的需求，才會來此發送不動產傳單。再者，品川認爲發送傳單一方面可健走強身，一方面可認識松山地區的社區環境，並順勢了解當地新舊房子概況，以及興建中的建案情況。

其實，**這種發傳單撒網捕魚的傳統平面行銷方式，品川也知道，這已經與現代年輕族群喜愛看網路多媒體的廣告行銷方式脫節**。不過，在這種老舊社區，或許傳統發傳單的方式，還有些許功用吧！

品川走到饒河觀光夜市的招牌底下，因爲上午的關係，攤販尚未出來營業，人潮也未出現，只有幾間商家小吃店在營業。而夜市對台灣人來說，**那是一種「吃」的文化和「吃」的藝術的一種表現。若仔細觀察台灣的夜市，大多位於廟會與市集處，換句話說，夜市通常是各地發展最早，以及人潮最旺的地方。**而饒河觀光夜市也不例外，就位於慈祐宮旁，也是當地發展最早的地方。

由於上午饒河夜市遊客少，很適合在巷弄內發送傳單。此時品川就轉身用右手將自己的背包拿下放在地上，隨手打開背包拉鍊，從背包裡面取出不動產廣告傳單放在自己的手上，再背起背包，一個人就沿著饒河觀光夜市的舊社區巷弄，挨家挨戶用手一張一張的將不動產傳單塞入舊社區住戶的信箱內。

品川邊走邊看饒河夜市兩邊的透天房子，就想起一九九六年台海危機時，被派到新加坡從事短期研究。當時品川就已觀察到，**新加坡政府爲了振興觀光產業，他們沒有把觀光地區的老舊房子拆掉重新興建大樓**，例如牛車水地區，反而**由政府出錢把牛車水地區的每棟舊房子照原有的門面更新，但內部由原住戶自行保留原貌**，使觀光地區的老舊房子看起來不會破舊影響市容，**更能留住舊元素，創造新的風貌和商機**。

品川不到一個小時的光景就把帶來的三百多份的不動產傳單發送完畢，眼睛看了一看戴在手上的小米運動手錶的螢幕，螢幕投報給品川的時間是十點四十分，品川認爲還有空餘時間可拿來寫作，便一個人走路到松山車站，搭手扶梯直接通到Citylink三樓的TSUTAYA BOOKSTORE（蔦屋書店），直行走進光亮整齊的TSUTAYA BOOKSTORE，接著右轉走進SHARE LOUNGE，這是一間讓人在裡頭安靜閱讀、寫作及開會的地方。品川走到SHARE LOUNGE櫃台前，首先服務人員便開始詢問品川說：「以前來過嗎？要在此使用幾個小時呢？」品川隨口就說，三個小時。服務人員登記使用時間之後，就遞給了品川一張繫有帶子的卡片，並請品川掛在脖子上，證明是合法使用場地者；品川將繫有帶子的卡片掛在脖子上之後，就自己選擇一個較爲安靜，位置在邊邊角落的一張書桌，品川走到了書桌旁，打開背包，拿起筆電及滑鼠，也順手拿取延長線，插好充電插頭，接著又走到飲食服務料區，自己拿了咖啡杯置於咖啡機下方的出入口，按下煮咖啡的按鍵，由機器幫忙煮了一杯香濃的熱拿鐵咖啡；緊接著又走到飲食區，伸手拿取麵包與餅乾置於盤子上面，接著品川左手拿著咖啡杯，右手端著裝有麵包與餅乾的盤子，就這樣小心翼翼地端到自己的書桌上，便開始靜靜的寫他的第三本著作了。

品川在SHARE LOUNGE花了兩個小時的寫作時間，他的LINE一直安靜無聲，直到中午的十二點四十分左右突然在LINE上面才看見黃檢察官傳來的關心話語：**「薛先生，用餐時間該吃飯了，身體是革命的本錢。」**好像黃檢察官有千里眼似的正在看品川辛勤寫作的模樣。

「謝謝您的關心。我已發好廣告傳單，用完餐，現在正在一家書店裡寫我的第三本著作。」品川用感恩的心回答。

「檢座等一下就要開庭，庭後再告訴薛先生明日的分案聯絡方式與時間；檢座就先不打擾薛先生你的創作，在外請多注意防疫。」

「謝謝您！」

好奇怪，**黃檢察官每次與品川分案偵查之後，都會寫這句話「以上對話紀錄留檔備案備查」**可是這次沒有寫這句話，是不是忘記了呢？

由於黃檢察官在上午八點十八分跟品川說過：「庭後會回覆品川明日分案聯絡時間。」所以品川在這段等候黃檢察官來信期間，有事沒事就會看一下**LINE，爲的是看看LINE裡頭有沒有黃檢察官傳來的「明天要偵查的內容」**。直到了晚上七點四十七分，品川才收到黃檢察官在LINE上面傳來的信息說：「當事人薛先生，明日分案在LINE上回覆『報到』即可。」

「好的，感謝您！」

這一次黃檢察官又忘記寫「以上對話紀錄留檔備案備查」這句話了。

6. 檢察官稱查無事證預計十月中旬結案

品川按照昨天黃檢察官的分案偵查指示，今日十月七日只要在LINE中「報到」即可。因此，品川早上與阿桂一起用完早餐之後，七點不到就寫LINE向黃檢察官「報到」如下：「黃檢察官平安，今日仍舊在台北市掃街發廣告傳單。上次聽您說，十月中旬即可結案，期待能順利完成。祝福您今天工作一切順心如意。」

黃檢察官到了八點四十七分才回覆品川說：「薛先生早，多注意天氣變化，注意安全。當事人的分案偵查，檢座預計要在十月中旬結案！針對當事人目前的調查進度報告顯示尚無任何不法！」

——告知結案時間並要求提供房產買賣資料

時間滴答滴答地又過了七分鐘，來到八點五十四分，品川在LINE上面又看到黃檢察官傳來的信息說：「監管科同仁有提出，當事人再分案複訊當中，明確表明有南下高雄辦理私人房產買賣之行爲！並要求分案期間，請當事人提供資料比對核實。」

時間滴答滴答地又過了四分鐘，來到八點五十八分，品川在LINE上面又看到黃檢察官傳來幾則信息說：

「過程中涉及稅的問題，監管科是比較在意的，而且當事人的帳戶會產生異動需要核實。」

「今日下午會針對結案前與主任、監管科同仁對此分案做最後的討論。」

時間滴答滴答地過了五分鐘，來到九點三分，品川在LINE上面又看到黃檢察官傳來的信息說：「下午會在LINE與你說明，請當事人正常工作、注意安全及防疫，不必過度反應，檢座仍會維持十月中旬結案不變。檢座等一下還有事要忙，先不做回應了。」

「以上對話紀錄留檔備案備查。」

由於品川正忙著一間台北灣社區的別墅不動產成交案，一直用LINE的通訊電話與屋主商討屋況及交屋問題，沒有時間一直釘著LINE看訊息，直到九點二十二分左右通話結束才看到黃檢察官傳來的訊息，品川隨即回覆黃檢察官說：

「謝謝告知。不過，此楠梓房子買賣，是好幾年前就與租戶在商談，他們租這一間房子已超過三十五年，很想要買下來置產。地上物當時外祖父沒有登記，只有土地所有權狀14.9坪。因此，是賣土地送房子。而我是賣給我的房客，他們已租了三十幾年。買賣成交價兩百一十五萬元，扣除土增稅三萬七千多元，約剩下兩百一十萬多元。目前尚未交屋，代書還在辦理過戶中，所有款項均會匯入銀行履約保證專戶。」

—請求檢察官說明歹徒變造證件過程

「另外，我的個資被有心人士利用拿來作案與陷害，我完全無所知悉，差點淪爲共犯。我一直很想知道個資是怎麼流出去的呢？銀行開戶是怎麼過關的呢？最後我必須要感謝您的，對於您們辦案的辛勞深感敬佩。」

可是當黃檢察官看到品川的回覆信息時，已是十點十九分，才在LINE上面回覆品川說：「會的，請放心，檢調同仁辦案抽絲剝繭，會有明確答案的。」

這一次黃檢察官回覆品川的問題之後，沒有在LINE上面寫下這句話：

「以上對話紀錄留檔備案備查。」

品川對於黃檢察官的回覆總是寄予厚望，希望自己被詐騙集團陷害的「龍華吸金案」的分案偵查能早日結案，還給品川一個平靜安寧的生活。

但嚴格說起來，品川每次請求黃檢察官回覆其所問的問題，幾乎是答非所問、或者是輕輕帶過。

—外表辛勤工作內心亟寄予早日結案

隨後品川拿取背包，打開背包拉鍊，檢查背包裡頭的不動產傳單在不在之後，隨即穿上襪子，戴上口罩與鴨舌帽，走到玄關，穿上Lanew休閒鞋子，打開抽屜，拿起機車鑰匙，開門，然後走出門外，搭乘社區電梯到地下一樓，騎著那一部KYMCO機車到淡水捷運站，品川騎進淡水捷運站的地下一樓，停好機車，走上能夠看見淡水河岸的古色古香的捷運車站，搭上往象山方向的捷運到圓山捷運站下車；**品川沿著酒泉街走，走入承德路與民族西路的巷弄，也走進大龍峒舊**

商圈，準備在這些地區發送不動產廣告傳單。

品川今日會搭捷運到圓山站下車，除了把眼光放在台北市大同區這個老舊社區未來的都市更新發展願景之外，還有**阿桂十月剛被任命到大同區的大龍養護中心工作，品川一旦發送完不動產廣告傳單，他們就可一起搭捷運回家。**

而品川會挑選台北市大同區發送不動產廣告傳單的主要原因之一是，看見大同區的老舊社區，建築房子較舊，有些房子屋齡都已超過五十幾年了，每戶信箱都設計在房子門前的進口處，方便廣告傳單一張一張的塞入信箱內；不像新的大樓社區，有物業管理人員看守門戶，是完全禁止陌生人員進入社區內發送廣告傳單；另一原因是，老舊社區的在地居住人多、老年人口也多，老年人喜歡看傳統的東西（傳單），也會想考慮更換新房子，兼因政府有危老與都更獎勵政策。惟危老獎勵政策只到民國一一六年五月底截止，但都更沒有時效限制。所以老社區的原住戶有可能會購買較新的中古屋，或全新的房子，這是品川會選擇老舊社區發送廣告傳單的思考模式。

品川用行走接觸人群的方式，走在台北市大同區的街道發送不動產廣告傳單，一面看見台北市容的老態龍鍾與更新重建，一面看見台北市容的整潔乾淨與公園綠地，也看見大同區市民的勤勞與樸實，以及保留著一些傳統的工作與美食；當品川發送廣告傳單走到蘭州國中附近的街巷時，發現這附近有好幾家男士理髮廳在營業，品川走出巷弄，走到大龍街上，又看見一家理髮廳，從走道望進去，雙眼看見一位中年男士正拿著刮鬍刀在爲男客人修臉，男客人的表情看起來很享受似的，這一幕彷彿回到品川小時候理髮廳的場景。品川很好奇的走進店裡頭，這時品川可能發傳單有點累了，沒有問理髮廳老闆可不可以坐在椅子上，就主動的往椅子方向坐下。話匣子一打開就跟男老闆閒話家常了。這位男老闆也很健談，品川問甚麼話就說什麼，男老闆說：「我國中畢業就跟父親及阿姨學習理頭髮，現在已經快五十歲了，這店面是自己的，不過，還在還貸款。」接著又說：「目前會剪男士頭髮的店快不見了，那些所謂的美髮店根本不太會修剪男士頭髮；另外，台北市有些理髮店面，外面招牌掛男士理髮店，裡面卻一張理髮座椅都沒有，裡面的所謂理髮小姐已不幫客人理髮，而是幫客人身體按摩，甚至進一步從事性交易。」

品川接著好奇的請教這位男老闆：「您理頭髮會幫客人修臉、剪鼻毛及挖耳屎嗎？我小時候看見大人到理髮店理髮，理髮師傅都會幫客人修臉、剪鼻毛及挖耳屎，我好羨慕，當時眞希望快快長大。」

「哈哈哈！修臉與剪鼻毛，我有服務，但挖耳屎，台北市政府規定不可以幫客人服務，請看鏡子上面那張公文。」

「請問若我給您剪頭髮加染髮加洗髮加修臉加剪鼻毛，這樣要多少費用呢？」

「六百元，但我每月逢數字5，會休息，不開店。」

「好的，下回特地來找您理頭髮。」

這時品川挨家挨戶發送完廣告傳單，腳也累了，看一下自己的小米運動手錶，手錶上面顯示下午四點十二分，品川就在阿桂上班的附近，選了一家Louisa Coffee（路易莎咖啡）店，走進店內向服務員點了一杯二十五元不加糖的熱紅茶，一個人獨自安靜的坐在一張桌椅上，喝著那杯帶著茶香的紅茶，等著阿桂五點下班，一起從圓山捷運站搭捷運回淡水。

品川在台北市大同區行走發傳單這段時間，黃檢察官沒有傳任何信息給品川，直等到品川與阿桂搭捷運回到家中，約莫晚上的六點五十五分，品川才在LINE上面看到黃檢察官傳來的信息說：「**連假期間，注意安全、注意防疫，**

下次分案於下周二在LINE回覆『報到』即可，請當事人登山行程格外注意安全。」

「以上對話紀錄留檔備案備查。」

品川因忙著台北灣別墅交屋的事，黃檢察官晚上六點五十五分傳來的信息，品川晚上七點十七分才看到，內心很感激的回覆黃檢察官說：「謝謝您的關心，會注意安全的。」

7. 以結案爲由誘導接受房產買賣金流監管

品川早已告知黃檢察官十月九至十日會利用國慶假日參加登山隊攀爬苗栗的加里山。加里山主峰約兩千兩百公尺，因山形像似日本的富士山，故有著「台版富士山」的美譽，屬於台灣中級小百岳，攀爬加里山沿路需經過許多巨石群、盤根錯節的森林、溪流，以及岩壁拉繩路，走起來頗具挑戰。由於加里山午後空氣中會充滿水氣容易起霧，下午三點左右必須趕緊下山，否則一旦起霧，下山就容易迷路。所以品川和阿桂與登山隊員們早上八點半就背著背包，攜帶水與飯糰，從鹿場登山口出發，來回總計走了約6.4公里，花了六個半小時才完成此一壯舉。當晚在南庄用完客家餐之後才坐遊覽車回淡水，但回到淡水已是晚上九點二十分左右，但**品川腦海中仍舊想著明早還須向黃檢察官在LINE上做分案「報到」**這一件事。

—關注登山安危並預約分案聯絡時間

十月十一日一早品川照他的生理時鐘，五點半就已起床在廚房準備早餐，六點就與阿桂一起在餐桌上享用美味佳餚，用完餐，阿桂也準備出門運動，品川趁著阿桂清洗碗盤時間趕緊寫LINE向黃檢察官分案聯絡「報到」說：「黃檢察官早，與一群人攀登加里山，更感受到台灣的美麗，以及年輕人的活潑有生氣。祝福您今日又是一個美好的一天。」

黃檢察官到了八點七分在LINE上回覆品川說：「當事人切記，安全第一」。

「以上對話紀錄留檔備案備查。」

品川到了八點二十分看到黃檢察官回覆的上則信息，覺得有點「牛頭不對馬

嘴」，便在LINE上回答說：「登加里山，昨晚已經平安回到淡水，感謝您的叮嚀。今日又要開始辛勤工作，到台北市發廣告傳單。」

品川回信之後，過了十四分鐘，來到八點四十八分，品川在LINE上看見黃檢察官傳來信息說：「謝謝你的分享！文字和圖片都很Nice，連假後的工作，也不忘要注意防疫。檢座待會要開會！下午會在LINE跟你通知下次的分案聯絡時間。」

「以上對話紀錄留檔備案備查。」

品川看到黃檢察官回覆這句「謝謝你的分享！文字和圖片都很Nice」的信息，心中是有點納悶。因品川並沒有傳任何一張照片給黃檢察官欣賞，他怎麼會這樣回覆信息的呢？「難道黃檢察官有看到我PO在FB的文章和相片嗎？黃檢察官是不是一直私下在關注我呢？有可能在分案偵查期間我的一舉一動，以及行蹤，黃檢察官一直在監視著？」品川獨自給自己一個合理的解釋。

上午品川與黃檢察官的分案聯絡時間過後，品川並沒有搭捷運到台北上班，反而獨自一個人待在家裡打掃環境，清洗爬山回來後的髒衣物，有時也安靜的坐在陽台外的椅子上爲「龍華吸金案」向上帝禱告，祈求上帝幫助黃檢察官早日查明案情及結案，還給品川一個寧靜安穩的生活。

時間來到中午的十二點二十二分，品川正在餐桌上一邊吃自己煮的泡麵，一邊看著手機Google軟體裡頭的新聞報導，咚的一聲，品川聽見LINE有人傳信息進來，打開一看，是黃檢察官依約提前傳給品川的分案聯絡信息說：「當事人薛先生明日分案聯絡時間為上午九點半，在涉及錄音的過程中，打電話到家裡有影響嗎？」緊接著又在LINE上面傳來信息說：「將告知當事人結案的相關事項，及該給予當事人應有的權力予以說明。」

品川在中午的十二點五十分才看見黃檢察官的來信內容，內心充滿希望的說：「**終於要結案了**。」隨即用LINE回覆說：「有關明日分案聯絡時間，稍後回覆您，感謝！」接著拿起手機撥電話給阿桂，了解阿桂明日的行程之後，即刻在LINE上面回信給黃檢察官說：「**我太太明天九點半才出門，可否與您約上午十點整呢**？」

黃檢察官看到品川的回覆，隨即回信給品川說：「可以！十點沒有問題！」

這時候時間剛好停在下午一點整。

緊接著黃檢察官又在分案聯絡結束後在LINE上寫了「以上對話紀錄留檔備

案備查」這句話。

—金融監管科指示需監管房產買賣金流

品川在接受「龍華吸金案」分案偵查這段期間，一切工作行程非常**配合黃檢察官的指示而行**。昨日黃檢察官已經與品川約好，今日十月十二日要在品川家中從事分案聯絡，**爲了偵查不公開，必須在阿桂出門不在家，才可以進行**。

阿桂每個星期三都會參加登山健走運動，而且也會邀品川一同參加，今日品川剛好有客戶下午要看房子，所以就沒有與阿桂一起出門，正好可以在家中接受黃檢察官的分案聯絡與偵查。

品川在家中等待阿桂出門這段時間，阿桂在陽台忙著柯護與觀賞她的多肉植物，阿桂常說：「**觀賞多肉植物可以療癒心靈**。」而品川則在家中的書房持續他的第三本創作，品川常說：「**創作賦予他人生目標，讓生命更顯價值**。」

「品川，我出門了！」阿桂已穿好外出球鞋在玄關前跟品川說。

「好的，外出注意安全，平安。」品川也回應阿桂說。

品川看見阿桂已出門，心理的小石頭卸下了，這時品川抬頭一看書房裡的時鐘來到九點七分，隨即在LINE上寫信給黃檢察官說：

「黃檢察官平安，因我太太提前出門，若您的時間允許的話，分案聯絡時間可否按照原訂時間九點三十分呢？感謝您！」

黃檢察官九點二十六分在LINE回覆說：「好的。」

時鐘滴答滴答的過了四分鐘，品川家裡的電話鈴聲響起，品川從書房用跑的過去廚房拿起電話筒說：「您好，我是薛先生。」

「薛先生早，我是黃敏昌，家中有沒有其他人在。」

「沒有。」

「偵查不公開，好的，現在分案聯絡開始錄音。」

「金融監管科來電說，楠梓房子買賣的金流也要列入監管，待會麻煩薛先生，把楠梓房子買賣合約整份傳到LINE中給檢座，檢座要拿給監管科看。」

品川一直想問黃檢察官：「爲什麼分案聯絡要這麼神秘兮兮的呢？」但都一直存放在心裡沒有說出。

—申訴房產買賣與「龍華吸金案」無關

「報告檢察官，您說這星期要結案，怎麼又要牽扯房子買賣的事呢？房子買賣是在九月中旬簽約的，跟六月發生的『龍華吸金案』一點關係都沒有。」

「因爲九月三日王科長在詢問你時，你有說，你九月中旬要到高雄處理楠梓的房子，所以也要一併列入金融監管。還有你房貸借款的保證人是你太太。」

品川突然聽到檢察官冒出「還有你房貸借款的保證人是你太太」這句話，內心波動了一下：「黃檢察官怎麼知道呢？難道他們眞的有到各銀行查我的現金流？有做金融監管？到時候會不會再去查阿桂的銀行帳戶？一個單純被詐騙集團拿假個資去犯案的案子，若不趕快結案，到時候眞是沒完沒了。」

品川自己內心省察到此，腦海隨即出現這個思維：「不能把無辜的阿桂也被牽扯進來，到時候後可能會再次被陷害。」

「好吧！等分案聯絡結束，我再把合約書拍照傳到LINE裡頭給您審查。」品川馬上在電話中做此回答。

「等楠梓房子買賣交屋後，金流列入監管後，監管科認爲沒問題，檢座會馬上辦理結案。」

「好的，我來詢問承辦代書何時可交屋。」

「今日的電話分案聯絡就到此。」

「謝謝！」

——暗示結案需提供房產買賣合約受查

品川與黃檢察官的電話分案聯絡結束後，品川馬上拿出楠梓房子的買賣合約書，將合約書內容一張一張的用手機拍照之後，隨即傳給黃檢察官。

品川內心一直急著自己被陷害的「龍華吸金案」能早日結案，也能把放在金融監管帳號裡頭的辛苦錢，能早日歸還。便立即打電話給承辦楠梓房子買賣的代書，詢問他楠梓房子何時可交屋。承辦代書接到品川的電話馬上告訴品川說：「十月二十一日。」

品川與承辦代書聯絡過後，隨即在LINE上寫信報告黃檢察官說：「楠梓的房子預計十月二十一日交屋。」這時品川書房裡的時鐘顯示九點五十九分。

然而黃檢察官到了十點四十九分才回覆品川說：「**檢座冒昧問一下，當事人預計金融監管是幾號能執行？這樣好擬定結案日期，此事關係到當事人的權益**

（保險、外幣換匯）。」

「以上對話紀錄留檔備案備查。」

品川到了十點五十九分看到黃檢察官的回信，隨即在LINE上面回覆說：「因十月二十一日是星期五，銀行當天可能來不及入帳，可能會在十月二十四日才會入帳，若上午入帳就來得及入監管帳號。」

「好的，以上對話紀錄留檔備案備查。」黃檢察官也隨即回信說。

品川與黃檢察官的分案聯絡結束之後，就自己在書房裡持續寫著他的第三本著作，直到中午的十二點十九分，品川聽到手機裡頭有傳來信息的聲音，打開LINE軟體一看，是黃檢察官傳來的信息說：「**檢座向主任提出，若二十一號執行監管，於二十四號下午結案，並結算至二十四號應付的權益和當天台灣銀行外匯公告爲主並之計算；若二十四號執行監管，於二十七號上午結案，應付的權益和當天台灣銀行外匯公告爲主並之計算**。」

「當事人明天分案在LINE回覆『報到』即可。」

「以上對話紀錄留檔備案備查。」

品川看到黃檢察官在中午時刻還傳信息給他，內心有點感動，覺得黃檢察官辦案眞是「很盡責、很辛苦」。

8. COVID-19疫情期間網路與電訊詐騙肆虐全台

今日十月十三日黃檢察官沒有實施分案聯絡，只請品川在LINE中回覆「報到」即可。所以品川一早與阿桂一起享用早餐時內心比較沒有壓力。

品川在使用早餐時，手機裡頭突然跳出一則新聞報導說：「**台灣在COVID-19疫情期間，大家不敢出門辦事，使得實體投資受限，網路取代馬路，恰好讓詐騙集團逮到機會，導致電訊詐騙肆虐。那些我們生活中習以爲常的訊息，都可能是詐騙集團的精心布局，隨時、隨處引誘你走入陷阱。**」

品川把這則報導分享給阿桂，阿桂立即回答說：「記得《聖經》裡頭有句話這麼說：『**你們要當心，免得有人用空虛騙人的話把你們擄去。**』我覺得這句話用在當前台灣社會是蠻貼切的。詐騙集團的成員能夠想出許多劇本來欺騙善良的老百姓，他們的聰明用錯地方，也是一群喜歡不勞而獲的人。」

「對呀！根據警政署刑事局的統計，二〇二二年台灣有報案的詐騙事件就達

2.95萬件，被詐騙金額高達台幣73.3億元。而詐騙集團使用的詐騙有五大手法分別是，假網路拍賣、猜猜我是誰、解除分期貸款、一般購物詐欺，以及投資詐欺等。」品川再次引用《今周刊》報章雜誌的報導分享給阿桂知悉。

品川接著又說：「我自己的觀察，詐騙集團最喜歡用『紅蘿蔔與棍棒』的手法，利用人性對錢財的貪念，以及對法律和暴力的恐懼，寫出一套劇本來行使詐騙。」

「是呀！詐騙集團的成員，口才都很好，又很會演戲，當你被鎖定時，他們對你想要的事物講得頭頭是道，結果內容全是虛構的，讓人傻傻地陷在裡頭而不自知。」阿桂也分享她的看法。

由於品川與阿桂準備一起外出運動，就結束這個詐騙集團的話題。而品川內心那顆石頭，若不趕快向黃檢察官「報到」，內心總是不平安的。於是品川趁著阿桂上廁所時，遵照黃檢察官的分案辦理指示，在LINE上「報到」說：

「黃檢察官早，上午公司開會，希望天佑台灣，經濟不受中美科技戰波及。期望分案辦理早日結案，讓受害者生活不受困擾。祝福您有個愉快的一天。」這時候時間來到早上的六點四十四分。

「薛先生早，也祝你今日工作順心如意。」黃檢察官回覆品川的「報到」，時間是上午的八點三十分。

這時品川已經騎機車到淡水捷運站準備搭捷運到公司開會，因爲今日是星期四，品川的公司例行要開會。

品川走進淡水捷運站，沒有選擇搭手扶梯，而是選擇走台階上到捷運站月台，這樣可順道練習腿力與肌力。品川走上月台，這時月台上兩邊的每個捷運車廂的登入口早已排滿上班與上學人群；當捷運列車一駛進捷運站月台，人群井然有序地進入車廂內，品川跟著排隊人群魚貫地進入了車廂內。品川看見淺藍色的座位已坐滿，只好選擇坐在深藍色的博愛座位置了。不到一分鐘，整個車廂的座位已經空無虛席，惟上班上學的人群極多，爲了趕時間，他們僅能站著搭捷運了。

衆所周知，淡水捷運站是捷運紅線第一站，在上班與上學時間每列捷運車廂就已塞滿人群，座無虛席，這種景況已凸顯出搬來淡水居住的外來人口已超越一般人的想像。有人說，這現象與淡水的房價便宜有直接關係。

假若進一步分析，目前定居在淡水的人，有來自台灣旅居海外的美國人、害

怕共產黨政權的香港人、喜歡山水的軍公教退休人士、年輕人買不起台北市房子的上班族、淡江大學畢業學生繼續留在淡水居住，以及大陸和越南新住民在淡水定居等因素有直接關係；而品川與阿桂在一九九〇年從天母剛搬到淡水時，淡水總人口數才七萬多人。目前據淡水區公所統計，到了二〇二二年設籍在淡水的居住人口數已經達到18.8萬人，人口成長了2.6倍。

—詐騙集團與共產黨同是「行銷專家」

淡海新市鎮會成為香港人移居的好地方，除了房價親民之外，大自然美景有一點像香港亦是原因之一，但主要原因應該與共產黨沒有遵守承諾，提前發布「香港國安法」亟力控制香港人的言論自由有直接關係。

同樣共產黨為了控制台灣，也頒布了許多惠台與誘台措施，其目的在吸引台商至大陸投資。鄧小平曾說過：「吸引王永慶赴陸投資，就等於吸收台灣一個師的兵力。」此種先用「磁吸效應」把台灣產業與資金吸引至大陸，再用「一中政策」禁止各國出售先進武器給台灣，以削弱台灣軍事武力的「一石二鳥」策略，甚為高招。**但共產黨無論誰當總書記，對台灣總是使用「文攻武嚇」荼毒台灣人**

民，只要不符合共產黨的利益，就是「台獨」，「台獨」這兩個字就像是孫悟空的「緊箍咒」一樣，台灣一直被這兩個字緊緊的包袱著，很難解開。不過，美國國會爲防止中共以「一中原則」入侵台灣，已提出一個解開這個「緊箍咒」的方法，即是以通過「台灣國際團結法案」，主張聯合國大會的2758號的決議不涉台，意謂中華人民共和國的主權未包含台灣主權在內，並採用「中共暴政對上台灣自由民主」的觀點來處理台灣議題；顯而易見，共產黨爲併吞台灣，在外交上除呼嚨解釋聯合國大會的2758號決議文稱，「中國擁有台灣主權」外，對台灣的基本作法則是：「嚇台、騙台、窮台。」

李登輝前總統很懂得共產黨的「兩手策略」思維，在他擔任總統期間，看出共產黨的陰謀手段，爲了台灣生存發展，在經濟上不得不提出「戒急用忍」政策，以防止台灣資金與產業出走至大陸；在政治上巧妙提出「兩國論」（自由民主的中華民國與專制政權的中華人民共和國的不同）論述等策略因應，其作爲主要在因應與防止台灣被共產黨而不是中國所併吞。但李前總統的「戒急用忍」政策，當時台商不買單，「兩國論」論述西方世界更不認同，反而認爲李前總統是個Trouble Maker。

基本上，中國大陸經濟發展能有偉大成就，有一大部分要感謝台商投資，以及**共產黨本身以「市場換技術」的成功策略才能立竿見影成爲世界第二大經濟體**；然而共產黨本身眞是個「行銷專家」，世界上沒有那個國家可以與之媲美，利誘、恐嚇是其專長，謊話說一千遍也會變成眞理的政黨。其實，**詐騙集團也是「行銷專家」，其手法略似共產黨的手法**。

品川透視共產黨與詐騙集團的做法，就如同《聖經》裡頭記載「耶穌被魔鬼引誘」的那段故事非常雷同，故事內容是這樣說的：

耶穌被聖靈領到曠野去，受魔鬼的試探，耶穌禁食了四十晝夜，後來就餓了。那試探者前來對他說：「你如果是神的兒子，就吩咐這些石頭變成食物吧！」耶穌回答說：「經上記著：『人活著不是單靠食物，而是靠神口裡所出的每一句話。』」接著，魔鬼帶他到聖城，讓他站在聖殿的頂端，對他說：「祢如果是神的兒子，就跳下去吧！因爲經上記著：『祂會爲祢吩咐祂的天使；祂們會用手托住祢，免得祢的腳撞在石頭上。』」耶穌對他說：「經上又記著：『不可試探主──你的神。』」接著，魔鬼帶耶穌上了一座很高的山，給他看世界萬國和萬國的榮耀，對他說：「祢如果俯伏拜我，我就把這一切都給祢。」耶穌對他說：「撒旦，退去！因為經上記著：『要敬拜主—你的神，唯獨事奉祂。』」於是，魔鬼離開了耶穌。

共產黨和詐騙集團的做法很像那位魔鬼，為了取得合法執政與財富，控制話語權，一直引誘有利可圖者、欺騙那些強權者，目的就是要掌管這個世界。

—詐騙與專制者利用科技從事欺騙與控制

品川坐在捷運車廂內，為了不浪費寶貴光陰，他會一面閱讀《商業週刊》、一面閉目養神，也偶而會閉上眼睛靜默地向上帝禱告，就這樣一路從淡水搭捷運到台北捷運車站下車，再轉搭乘藍線捷運到忠孝新生捷運站下車。品川看了一下手錶，這時時間已來到上午的九點三十五分，離公司開會時間尚有十五分鐘。

品川搭上捷運手扶梯走出忠孝新生站四號出口，向左迴轉獨自走在忠孝東路三段的人行道上，**沿途燦爛的陽光穿透樹葉灑落在人行道上，猶如金色的細雨；兩邊種植的白千層樹、烏心石樹與木棉樹等行道樹已高聳林蔭，讓人感到神清氣**

爽；而忠孝東路三段人行道上既乾淨且寬闊，雖不能媲美新加坡的烏節路，但仰望右邊，是高聳的和苑三景花園飯店、台北科技大學先鋒大樓，以及座無虛席的伯朗咖啡廳；仰望左邊，則是充滿活力、年輕英俊又貌美的台北科技大學的男女學生穿梭其中，讓品川感覺台北市忠孝東路三段的人文科技氣息，是新加坡烏節路所沒有的。但烏節路的商業繁榮氣息，則是忠孝路三段所望塵莫及的。

這時品川在走路到公司的這十分鐘路程中，忽然有一種感觸湧上心頭，獨自地與自己的內心對話說：

「眞的好羨慕就讀科技領域的學生，將來畢業後工作非常好找，可以在自己的領域自由發揮與創新，待遇也比一般學科領域的學生優渥許多。」

「我是學管理的，好像無用武之地，有時候老闆的一句話可以否定你的一切想法，因爲老闆的實務經驗比你多許多。」

「科技貴在創新，管理貴在實務，科技創造出來的AI（人工智慧）有可能被用來管理人類，甚至這個世界。」若呼應《商周》在「Audi House of Progress Taipei品牌概念店」的這則報導：「科技發展的目的，一方面在滿足人性當下的需求，另一方面也必須回應人類未來生存問題。」這句話對科技發展的註解就顯得更加貼切了。

「但《聖經》的創世紀早已表明，上帝創造天地與萬物，是要交給我們人類來管理的，可是我們人類迄今卻管理的很不好，常有戰爭、流行疾病、環境破壞等問題發生，甚至專制者或歹徒利用科技來從事詐騙、散播邪惡思想，以及控制輿論。」

「然而《聖經》是目前世界銷售第一的書籍；若《聖經》是一本管理的書籍，那麼目前世界銷量僅次於《聖經》，排名第二的暢銷書籍為《與成功有約》，作者史帝芬．柯維，它也是一本管理的書籍；這本書從一九八九年銷售迄今，已超過一億本，被《富比士》雜誌評選為十大影響力的管理書籍之一。但目前卻沒有哪一本有關科技的書籍有如此的暢銷量。」

這時品川的內心再次自己思忖著：

「《聖經》這本經典書籍極為注重『品德及人格』的培養，而《與成功有約》這本書則極為強調要『獲致成功』，必須要先『建立品德』，在此所謂的品德，《與成功有約》這本書作者史帝芬．柯維的定義是：『正直、謙虛、誠信、勤勉、樸實、耐心、勇氣、公正等』。」若詐騙集團與專制者能有此「品德」，想必這世界會是美好的。

「而Nokia有一句Slogan則如此地說：『科技始終來自於人性』，顯然要管理好上帝託付給人類的地球，以及要創造美麗的科技世界，建立人類良好的『品德和人性』才是關鍵。難怪《聖經》裡頭有句話如此地說：『你要保守你心，勝過保守一切，因爲一生的果效由心發出』。」

品川如此地邊走邊自我對話的走到公司，看了一下自己的小米手錶，還差兩分鐘就要開會了。品川一進門隨即脫下鴨舌帽，放下那厚重的背包，獨自安靜地坐在自己的位置上，轉身從背包裡面的小袋子拿起筆和記事本，專注著聆聽老闆的講話，就這樣開始他今日的不動產人生。

時間飛逝，很快來到下午的三點一分。這時品川在辦公桌上聽到叮咚的聲音，在LINE上看到黃檢察官傳來的信息說：「當事人薛先生明日分案在LINE回覆『報到』即可。檢座明日要開庭。疫情確診人數持續升高，請多注意防疫。」

「好的，謝謝您的通知。」品川在LINE上回覆給黃檢察官的這一句話，若是在電話中回覆，那是一句很淡的口氣，因爲在黃檢察官回覆的LINE上未看到結案的字眼。

品川對於自己被陷害扯入「龍華吸金案」，這一件事非常在乎，但為了獲得心靈上的平安，已全然交託給上帝，也期待著十月二十一日這一天能順利結案。

9. 看見疫情對經濟影響但也看到曙光

品川每日早上起床準備做早餐之前，總會在床頭爲這一件被詐騙集團設計成爲「龍華吸金案」的共犯向上帝默默的禱告，懇求上帝幫助黃檢察官，並且賜給黃檢察官能力與智慧將歹徒繩之以法，早日還給品川清白；品川也一直遵守黃檢察官所說的「偵查不公開」的承諾，才沒有讓最親的老婆大人阿桂知道這件詐騙案件，以免妨害檢察官的辦案，所以每次品川在向上帝禱告時，總是不敢出聲，深怕阿桂知道此事，讓她擔心。

所以在分案辦理期間，品川必須按照黃檢察官的指示，向他「報到」。由於今日十月十四日早上淡水下雨的關係，品川用完早餐之後，沒有出門運動，一早六點十四分就用LINE寫信向黃檢察官「報到」。今日品川「報到」的內容是：

「黃檢察官早，目前淡水氣溫二十三度，雨天。祝福您有美好的一天。」

黃檢察官也很日常的在八點半上班時刻回覆品川的話說：「薛先生早，檢座今日借提嫌犯偵訊，也預祝你今日工作順利。」「以上對話紀錄留檔備案備查。」

品川在手機的LINE軟體上看到黃檢察官的回覆後，就準備早上出發到西門町的西寧南路看一間透天店面，這一間透天店面是品川以前在中國科技大學兼課時的學生他們的家族財產；這位學生姓呂，有一天在FB看到品川在FB上頭行銷不動產買賣物件，就傳Message來問品川說：「老師，現在房子會這麼難賣嗎？我家在西門町西寧南路上有一間透天店面，已給某家不動產公司銷售一段時間都還未能成交。」品川也在Message上回覆說：「目前正處於疫情期間，政府尚未開放觀光客來台灣旅行，兼因受俄烏戰爭，以及美中貿易戰的影響，台北市不動產交易似乎冷凍了下來，所以要在短時間內成交一間億元以上的不動產，實屬不易。」

品川接著又問呂同學說：「請問房子地址在那？老師想要過去了解一下；另房子所有權人有授權給那位家人負責處理呢？」

「房子地址在西寧南路〇〇〇號，我們都有統一授權給我大舅處理，印象中房子是委託○○不動產公司在銷售，好像合約簽到明年（二○二三年）三月底到期，才可以給別家仲介銷售。」呂先生很詳實的回覆品川的問題。

品川剛好今天自己沒有特別緊要的事情要處理，就決定去逛一下二十幾年沒去過的西門町，極想實際了解一下商情。

品川從淡水搭捷運到西門捷運站，已接近中午，時間剛好來到十一點三十八分；品川走出六號出口右轉至西門町徒步區，就沿著漢中街穿越峨眉街、武昌街、漢口街、開封街，再左轉至西寧南路，再從西寧南路穿越漢口街、武昌街、峨嵋街，左轉至成都路，繞了一大圈，從這一棋盤式的街區，看見這段疫情期間，真的很慘，看不到西門町的人潮，每走過一家足底按摩店的門口，眼睛望進去，眞是門可羅雀，店裡頭的按摩師父比消費者多；品川沿著這一棋盤式街區的騎樓而行，每走幾戶店面，就會看到一些店面的門口張貼出租字樣。就連西門町徒步區內最大一間的肯德基店也關門了，正等待出租中。而品川年輕時會去逛的獅子林商業大樓也變老舊了，來來百貨也早已關門變成「誠品武昌店」了。而那些西門町網紅小吃店面，舉凡「阿宗麵線」、「老天祿滷味」等人潮也大不如前。顯見COVID-19對西門町商業活動的衝擊已經顯現，且逐漸擴大。

在此景況之下，難怪呂家這一間六十年屋齡的商四透天店面會乏人問津。或許要等待春暖花開來臨時才會有買方出現，或許也要等待那位敢於危機入市的投資客出現才有成交機會。

這種景況讓品川想起日本漫畫家井上雄彥曾說過一句經典的話：「**爲劃出光亮，才要描繪陰影。**」因此，**銷售不動產在面對不景氣時機**，必須"Always looking to the bright spot"，也就是**要看未來的亮點和機會**，而不是看眼前的問題所在；當我們看機會、面對陽光時，陰影就在後面，問題就迎刃而解了。

品川花了一個多小時走在漢中街、峨眉街、武昌街、漢口街、開封街、西寧南路，及成都路上，**發現了一道Bright spot，即是西寧南路從南往北貫穿峨眉街、武昌街、漢口街、開封街，及成都路這五條街道（漢中街除外，它與西寧南路平行），西寧南路像是西門町的主幹道、人體的那條脊椎（髓），支撐西門町的發展，控制著整個西門町的商業活動。**因此，西門町想要再次風華再現，打造和創新西寧南路的發展極爲重要，若再加上「台北雙星」大樓的完工，必定再創西門町的繁華榮景。

品川觀察西門町的景況到此，肚子也餓了，看了一看左手上的小米手錶，時針剛好指上下午一點；由於品川已好久沒逛西門町了，不知道那裡有好吃的，逛了一逛，最後還是選擇去品嘗一下「阿宗麵線」的滋味，品川走進一條小巷子來到沒有座位必須站著吃的阿宗麵線攤位，向服務生點了一碗六十元的小碗「阿宗麵線」，自己在酌料區加了一些醋與辣椒醬之後，就站在馬路邊大口大口地吃了起來，但品嘗過後還眞的不知道「阿宗麵線」夯在哪裡？

品川品嘗「阿宗麵線」之後，看到左前方有一家「台灣鹹酥雞」西門直營店，童心未泯的品川就往前走了過去，向店員點了一塊七十元的雞排，雞排眞的有夠大，品川只吃了一半肚子就飽了。

品川認爲利用上午與中午觀察西門町的人潮景況有點不準確，決定找一家咖啡廳坐坐，想起年輕時嚮往去過的「蜂大咖啡店」，就起身揹起身邊的背包隻身往成都路的方向走去，到了「蜂大咖啡店」門口，品川眼睛爲之一亮，竟然是客滿，只好向前走到隔壁的「南美咖啡店」。「南美咖啡店」的人潮不多，剛好適合品川在那「喝咖啡想是非」。品川獨自一個人坐在「南美咖啡店」裡胡思亂想了一個多小時才離開。品川離開「南美咖啡店」之前也購買了兩包各一磅的中度烘焙的衣索比亞耶加雪夫咖啡豆，就獨自一個人又原路繞了西門町一圈，再次觀察西門町的街景與人潮之後便搭捷運回淡水了。這時候時間已來到下午的三點半了。

黃檢察官到了下午三點十三分用LINE傳來分案聯絡信息說：「周末假日請當事人多注意防疫，下周一當事人正常工作開會，分案聯絡請當事人在LINE回覆『報到』即可。」「以上對話紀錄留檔備案備查。」

品川因下午忙著觀察疫情期間西門町的商業活動景況，以及喝咖啡，胡思亂想的關係，到了下午四點三十二分才看到黃檢察官在LINE上的來信，隨即回覆說：「好的，謝謝您的通知。」

時間來到下午的四點五十一分品川突然間想到一件重要的事未向黃檢察官報備，隨即在LINE上說：「對了，忘了向黃檢察官報告，十月十六日至十七日（星期日及星期一）至杉林溪參加同學會。」

品川爲什麼只向黃檢察官報告說：「參加同學會。」並沒有詳實報告說：「要參加他畢業四十周年的軍校同學會。」主要原因是，品川不想讓黃檢察官知道太多事，很想自己被歹徒陷害的「龍華吸金案」能夠早點結案，不想再節外生枝；並且**發覺對黃檢察官講愈多，他會調查愈多，只會給自己找麻煩而已**。

五、甚願上帝保守不遭受患難

你將要受的苦不用怕，魔鬼要把你們下在監裡，使你們受患難。你務要至死忠心，我就賜給你那生命的冠冕。——《聖經．啓示錄》

1. 魔鬼隱藏在隱而未現細節裡

黃檢察官上周五跟品川說，十月十七日（星期一）正常上班，只在LINE上回覆「報到」即可。由於品川昨晚睡在杉林溪大飯店房間的床，沒有睡得很好，一早五點多就起床，但還是賴床在床上，等候天亮。但品川沒有忘記早上需向黃檢察官報到這一件事。**品川爲著能早日結案，靈魂早被「龍華吸金案」給綑綁住了。**

早上時間來到六點二十三分，品川起床第一件事就在LINE上寫說：「黃檢察官早，目前杉林溪大飯店室內氣溫十四度，晴天。不管台北天氣如何，祝福您有個好心情。」

品川在LINE上向黃檢察官「報到」之後，本想與阿桂一起到杉林溪健走，但品川一抬頭轉身沒有見著阿桂，想必阿桂已離開房間，早已健走在「杉林溪森林生態渡假園區」裡面，正享受著大自然的芬多精；品川乾脆就自己留在房間，反正七點就要到餐廳享用早餐。

品川在這段等候用餐時間，便獨自一人在房間內安靜地為這一件烏龍案件「龍華吸金案」能早日結案向上帝祈求。

—當事人禱告後內心閃過疑點

品川特別喜愛《聖經》舊約這段「雅比斯的禱告」詞。雅比斯這位《聖經》人物從小生長在一個極艱辛的環境裡。母親生他時極為痛苦，就將他取名為「雅比斯」，意思是「痛苦」之意。當時雅比斯看見上帝能為以色列人民行許多神蹟。因此，**雅比斯認為向上帝禱告就可以「改變自己的命運，得到上帝的祝**

福。」

雅比斯的禱告詞既簡短又涵蓋所有祈求內容，品川就不斷用「雅比斯」的禱告詞在房間內爲「龍華吸金案」禱告：

「甚願祢賜福與我，擴張我的境界，常與我同在，保佑我不遭患難、不受艱難，也祈求黃檢察官早日將『龍華吸金案』的主謀繩之以法。願神應允我的祈求。」奉主耶穌基督的聖名求，阿們！

品川在房間內安靜禱告之後，似乎覺得這個「龍華吸金案」有些說不上來的疑點，好像整個報案與偵查過程有隱而未現的事情在裡頭，但一想到已快結案了，這個懷疑的念頭就閃過了。品川看了一下左手上的小米手錶，時間已接近七點，隨即起身開門往餐廳的方向走去。

品川這次帶阿桂來杉林溪旅遊，主要是來參加品川他軍校畢業四十周年的同學會，同學會地點就選在杉林溪大飯店。主責承辦這次畢業四十周年的團隊，爲這次極具意義的同學會規劃了三年，原本二〇二一年要舉行，由於當中遇到疫情，只好延後至二〇二二年疫情稍緩時才舉辦。

在軍校受過訓的軍校學生就是準時、有紀律、有情感、有溫度，七點整一到，每位同學與眷屬都已就定位，在受邀長官的祝賀詞與同學會會長的報告之後，隨即準時開動，享用飯店所準備的豐盛早餐。

品川用完早餐已接近八點，同學會會長也在餐廳特別向大家報告：「請同學和眷屬們用完早餐後，八點半請準時在杉林溪大飯店門前拍張合照，並一起遊『杉林溪森林生態渡假園區』。」

品川在餐廳內一邊聽同學會會長的報告，一邊划著手機看LINE裡頭有沒有黃檢察官傳來的信息。就在長官、同學與眷屬們準備在大飯店門前拍大合照時，品川的耳朵聽到叮咚一聲，打開LINE軟體，看見黃檢察官在LINE上回覆說：「薛先生早，剛到辦公室看到你報告的行程，注意安全、注意防疫，一切順利。」

「以上對話紀錄留檔備案備查。」

—柬埔寨詐騙案頻傳引發內心警覺

品川看到黃檢察官的回覆，內心只感到今日該做的事已做了，但事實上品川想到他有一大筆金錢還被金融監管，內心愈想愈不平安，所以一直很期待黃檢察官能早日結案，早日歸還他的「金融監管金額」，也早日還他清白。

品川和阿桂與同學們拍完大合照之後，就各自遊「杉林溪森林生態渡假園區」，這時品川和阿桂在遊杉林溪時遇到軍校張同學夫婦，就一起邊走邊閒話家常起來。

品川問張同學：「現在還忙些甚麼事呢？」

「我現在還在退輔會上班，是約聘的，專門負責桃園地區退除役官兵的服務工作。」

「哇！很有意義，退而不休。工作內容有哪些呢？」

「就是那些退除役官兵生日快到時打個電話、寄張賀卡慰問一下；還有那些有需要辦理住院、醫療及保險時的慰問與服務。」

「對喔！我每次生日快到時退輔會總會有人親自拜訪並致送賀卡給我，就是這種關心與慰問工作嗎？」

「是的，目前我就是在桃園地區為退除役官兵們做這項服務。但**有時候打電話過去關心與慰問他們，也會被他們質疑是不是詐騙集團打來的電話**。現在台灣詐騙電話真的很多，經由媒體報導，台灣很多年輕人赴柬埔寨求職，馬上失聯，最後家人報警，才透過警察調查獲悉已被詐騙集團騙到當地從事非法詐騙工作了。」

「是呀！最近台灣新聞媒體也一直在報這類消息，是蠻恐怖的，有些人還被騙去捐器官；這與台灣就業市場受COVID-19疫情影響，許多年輕人找不到工作，甚至工作待遇差有關，年輕人爲了金錢就很容易被詐騙集團以工作輕鬆、高薪爲誘餌被騙去柬埔寨從事電信詐騙工作了。」

張同學接續著品川的話說：「我有一位朋友，**他哥哥在中研院工作，最近被詐騙集團騙了一千七百多萬，一直想不開，自殺了好幾次，很慶幸都被家人救了回來，詐騙集團眞的很可惡。**」

「近期台灣詐騙集團這般猖獗，是不是與疫情有關，大家不敢出門，都用LINE通訊軟體聯絡，反而給詐騙集團逮到好機會有關？」

「同學，你說的沒錯。最近也看到網路媒體報導說，中國大陸的中國科學院有一位張姓博士爲了還債去新加坡擔任翻譯，卻被騙至緬甸從事詐騙一年。後來透過中共外交部才把他救了出來。」

品川的同學又接著說：「難怪鄉民『nobody0303』報導說：台灣已數年沒

有新興產業誕生，只能一直吃半導體產業的老本。不過，**最近有兩個新興產業賺翻了，那就是『詐騙』**與綠能新型產業。詐騙顯然已成為台灣賺錢的行業了。」

品川聽到張同學這麼一說，一個念頭在他腦海裡閃了一下，內心也糾結了一下，暗自思忖：**「我是不是也受騙了呢？黃檢察官是不是個騙子呢？應該不會吧！每次匯入『金融監管』帳號的金額都有收到公證科開立的收據；黃檢察官也已跟我說，這個月底就要結案，也要將『金融監管』的金額返還入我的銀行帳號。我是否要去調查一下我匯入的金融監管帳號裡頭的金額還在呢？」**

此時張同學邀品川到杉林溪的銀杏樹林區拍照，就此打住閒聊東埔寨詐騙集團這個議題，雙雙往銀杏樹林區大步走了過去。

每年十月杉林溪的銀杏樹林區，綠色銀杏會幾乎轉成金黃色，像似整片黃金掛在樹梢上，那般耀眼奪目，蠻療癒身心靈的。

到了中午十二時三十分，品川軍校同學與眷屬們在杉林溪大飯店開始用餐，但結束時已是下午兩點半多了，大家就準備搭遊覽車回台北了。同學會游會長規劃的這次活動，讓大家留下滿滿的歡樂，以及難忘的畢業四十周年同學會倩影。

品川坐在遊覽車上，一路上是半睡半醒的，直到下午三點七分在LINE上看到黃檢察官傳來的信息才稍微清醒些。信上黃檢察官提到「龍華吸金案」進一步的案情說：**「薛先生，明天分案聯絡在LINE回覆即可！今天檢座事情比較多，透過當事人的分案調查過程意外查到土城中央路四段某民眾涉及提供『龍華吸金案』的犯罪工具！明天還要借提在押嫌犯開庭。」**「以上對話紀錄留檔備案備查。」

「好的，謝謝您的通知。」品川看到黃檢察官針對「龍華吸金案」的案情說明，沒有特別喜悅，僅冷冷的回覆黃檢察官的話說。

品川偶而會自己問自己說：**「我又不是罪犯，為何每日要向某人『報到』？」心裡是有點不是滋味**；若不是聽到黃檢察官已向品川說明，十月二十四日就可辦理結案，被金融監管的金額就可返還，品川應該就不會再如此的配合。

—對事事須向檢察官報告萌生遲疑

「黃檢察官早，現在淡水氣溫十九度，雨天。祝福您『龍華吸金案』辦案過程順利有所成。」品川依舊早上六點三十分左右在LINE上面向黃檢察官「報到」。

「薛先生早，檢座也預祝你今天工作順心如意。」這時品川收到黃檢察官的回覆，時間來到上午的八點二十八分。

品川看見黃檢察官的回信是在捷運車上看到的，因品川今日十月十八日要到楠梓與買方驗屋，所以早已搭捷運準備到台北車站搭高鐵至左營再轉火車至楠梓。於是品川在捷運車上用LINE向黃檢察官報告說：「黃檢察官平安，爲了這個星期五楠梓房子能順利交屋，今日會搭高鐵至左營，與買方驗屋；買方不貸款，後天會把剩下的七成購屋款項匯入指定的銀行『履約保證專戶』後，即可辦理交屋手續。特此說明。」

黃檢察官很快看到品川在LINE上寫給他的信，隨即回覆說：「出行注意安全、注意防疫，以上對話紀錄留檔備案備存。」

就在品川在台北車站準備購買高鐵車票之時，接到代書打來電話說：「薛先生，今日不用下來高雄，你的楠梓房子買方說，不要那麼麻煩，房子已住了四十幾年，房子內部情況他比你清楚，你就不用這麼老遠坐高鐵下來了。」

「好的，非常感謝，也代我向買方說聲謝謝。」

品川後來沒搭高鐵下高雄與買方一起驗屋這件事，並沒有在LINE上向黃檢察官報告，品川自己認爲若向黃檢察官報告，還需解釋老半天，乾脆就免了。

品川與代書通過電話之後，就從台北車站搭捷運到公司上班了。

約莫到了下午三點半左右，黃檢察官在LINE上傳來信息說：「明日當事人分案於LINE回覆『報到』即可。」

「以上對話紀錄留檔備案備存。」

「好的，謝謝您的通知。」

品川愈到快結案，愈覺得黃檢察官似乎還在等什麼事情似的，明明對品川的「金融監管」查不出任何問題，爲何還要找理由推拖呢？品川已有如此感覺了。

2. 收到交通違規罰緩逾期未到案通知

今日十月十九日是星期三，阿桂起床的比較早，因爲她正忙著公司星期四要接受上級單位評鑑的事，希望今日能早點到公司處理相關護理與照護Paper work的事務。阿桂曾經在大醫院工作了三十年，歷練豐富，所以公司借助她的經驗來完成這次的評鑑工作。

「早餐準備好了嗎？」阿桂打開房門，走出主臥室大聲的說著。

「好了！已放在餐桌上了，我再煮一杯咖啡就好了。」品川大聲地回答阿桂的問話。

「當初叫你房子買在台北市就不聽，偏偏就要買在這個又濕、又冷、又偏遠、交通又常會塞車的鳥地方，上個班眞的很不方便。房價，淡水都不漲，我同學房子買在石牌、新莊、蘆洲，都大漲，就是淡水不漲。」阿桂今日心情有點不好，又開始舊事重彈。

品川被阿桂這麼一說，內心一把火就湧上心頭：「淡水有甚麼不好，當初妳不是很喜歡淡水文史工作，住在這裡環境和品質比台北好太多了。」

「虧你是學財經、學管理的，一點Sense都沒有，買房地產就是Location, location, location，連這一點都不懂。」

「我是置產又不是投資，況且淡水基礎建設越來越多，像是輕軌、淡江大……。」

阿桂沒等到品川把話說完，就接著怒嗆：「那有人把雞蛋都放在同一個籃子裡；沒有經過我同意，女兒、兒子的房子你也幫他們買在淡水。淡水又沒有工作機會，房價怎會漲呢？」

品川不想讓早上的爭執影響上班的心情，就安靜，守住口，不再回話，就讓阿桂自己去抒發她不滿的情緒……。

品川這時拿起手機查了一下紅38公車到「台北灣社區」站的時間，就跟阿桂說紅38還有五分鐘就到站；阿桂看了一看小米手錶，不發一語，拿著手提袋，也不看品川一眼，就出門了。

「平安！」品川對著生氣中要出門上班的阿桂如此地說。

阿桂一出門上班，品川即刻拿取手機在LINE上寫信給黃檢察官說：「黃檢察官早，淡水氣溫二十三度，雨天。今日公司值班，從九點到晚上九點。祝福您有平安順心的一天。」這時是上午的六點三十六分。

黃檢察官也在上午的八點三十分左右回覆品川說：「薛先生早，檢座祝你今日工作順利，下午會在LINE上和你約定下次分案聯絡時間。」「以上對話紀錄留檔備案備存。」

品川因今日沒有特別事務要處理，就留在家裡的書房繼續寫他的第三本著作，品川一邊思考一邊打字，一個小時大約可完成五百多字的創作；此時聽到手機傳來叮咚聲音，品川打開LINE一看，是阿桂傳來的信息。這時候時間來到上午的十點一刻。

品川看到阿桂傳來一個截圖給他，並在信上寫字叫他幫忙了解一下；品川仔細一看截圖內容，是一則「交通違規罰緩」的逾期未到案的通知，是傳至阿桂公司的Email地址，且用表格方式呈現，上面記載違規日期、處罰事由、處罰條例、應到案日、違規單號，以及罰緩金額，表單下面則有一個連結—「交通違規罰緩查詢」。

品川看到阿桂傳來的信息，就馬上停止寫作，穿上T-Shirt出門到7-11使用繳費機繳費，品川在繳費機上輸入阿桂的身分證字號，以及出生年月日之後，按「下一步」，顯示查無違規事件；品川以爲自己操作錯誤，請來7-11服務人員重新操作一遍，仍舊是查無違規事件。

品川很好奇地問店員說：「是不是過期的關係才查不到。」

店員回答說：「不會，罰單過期也可以查得到。要不要去警察局了解一下呢？」

「好的，我到警察局詢問一下。」

品川很快地走回家，拿著機車鑰匙騎機車到警察局詢問了。品川一到警察局，就拿出手機的截圖給警察看。警察看了之後說：「**一般未繳交通違規罰單，不可能用Email通知。待會你可打電話到監理站詢問，有沒有罰單就知道，甚至你也可以自己上監理站的網站，查詢有沒有罰單就可一目了然。**」

「好的，謝謝您！」

此時品川試著使用阿桂那張截圖的Email地址，輸入「mvdis」在Google上查詢，哇！網頁跑出來貞的是監理站的網頁。可是網址有一點點雷同，會讓人魚目混珠，監理站的網址是https：//www.mvdis.gov.tw，而傳給阿桂的Email地址是mvdis@gov.tw。都有mvdis、gov、tw，只是排列組合不同。

品川按照正確的監理站網頁所提供的「交通違規繳費」功能的步驟，輸入阿桂個人資料後查詢，在監理站網頁上仍然顯示「查無可線上繳納罰單資料」。

這時品川心理已知道：「阿桂可能早已被詐騙集團鎖定了，怪不得最近她常接到一些奇怪不講話的電話。」

品川馬上把「查無可線上繳納罰單資料」截圖傳在LINE上給阿桂看，並打電話跟阿桂說：「**妳並沒有交通違規罰緩，那是詐騙集團傳給你的誘餌，是釣魚**

網站，要套取妳的個資，請阿桂不要點選連結進入繳款。」

品川爲著阿桂這一件事也忙了一個半小時，已接近中午十二點，午餐品川就在家中自行煮一碗泡麵，泡麵裡頭加了一顆蛋及一把高麗菜。

品川一邊吃泡麵，一邊看著電視，正在享受這美味的菜餚之時，品川的手機傳來叮咚的聲音，品川打開LINE一看，是黃檢察官傳來的一則信息說：「薛先生，你明天工作例行開會，二十一日（周五）呢？還需下高雄嗎？」

品川看完信息隨即回覆說：「周五要交屋，但代書來電請我不用下高雄，有關買賣金額結算及交屋手續費用傳眞給我簽名，簽完名之後再回傳給他即可，確實情況再向檢察官您報告。」

黃檢察官看到品川回覆的信息也立即回覆說：「**好的，會這樣問你是關於接近結案前的確認！明天你正常工作，分案在LINE回覆『報到』即可！**」「以上對話紀錄留檔備案備存。」

品川看到黃檢察官的回覆，也沒有特別的喜樂，但品川仍舊照著他的夢想，繼續他的個人寫作。

3. 告知周一結案並提供監管金額返還受款帳號

阿桂服務的公司十月二十日要接受台北市社會局的評鑑，可能心理壓力大的關係，早上五點半就起床。然而早餐品川還在廚房忙，尚未準備好，水煮蛋、麵包還在電鍋裡頭蒸，咖啡機也正在熱機當中，只有蘋果，品川已削好擺放在泡有鹽水的玻璃碗裡面浸泡。

阿桂看到品川正在忙著準備早餐，眼睛看著品川身影一眼之後也沒說甚麼話，就一個人靜靜地拿起手機，走到陽台的椅子上坐下，打開YouTube頻道，獨自地在那安靜地聽淡江教會莊育銘牧師的每日讀經釋義及晨更。

還差三分鐘就六點，這時品川已準備好早餐，就喊叫阿桂來一起享用早餐。品川在餐桌上做了一個簡短的謝飯禱告後，就拿起手機在YouTube頻道點選了一首詩歌，歌名叫「有人在爲你禱告」，品川與阿桂就這樣一面用餐，一面聽這首詩歌：

似乎你已禱告直到力量殆盡

流眼淚如下雨滴終日不停
主關心而且瞭解你能忍受多少
祂將告訴別人爲你禱告……

品川聽著這首詩歌，內心想著，要不要告訴阿桂說：「我被詐騙集團陷害的『龍華吸金案』共犯之一，這個星期就要結案了，且要還給我清白了。」**但品川想到「偵查不公開」，以及目前仍在「分案辦理」階段，就把話從嘴巴裡收了回來，等結案之後再跟阿桂分享這整個過程，並向大家作美好的見證。**

阿桂動作很快，已用完早餐，品川就跟著阿桂說：「你把餐具放著，我來收拾及清洗，妳趕快去上班吧！今天要評鑑，上帝保守看顧，一切順心。」

阿桂一出門，品川即刻拿起手機在LINE上向黃檢察官「報到」說：「黃檢察官早，淡水現在氣溫二十二度，陰天。祝福您有個平安喜悅的一天。」**品川眞是個信守承諾的人，「按時回報」、「現金提供金融監管」、「不向任何人提起此事」**、「完全信任檢察官」。

黃檢察官也很準時，每次會在八點半左右回覆品川的「報到」：「薛先生早，能感覺出來快接近結案了，你的心情狀態都挺好的。檢座也祝你今日工作順利，你那方面（按：房產買賣）有產生最近的情況要落實報告。」「以上對話紀錄留檔備案備存。」

品川看到黃檢察官在LINE上回信，隨即寫信向黃檢察官報告：「代書那邊在等買方最後一筆購屋款匯入履保專戶後，會與我確認交屋是否採用傳眞方式，不需再跑楠梓一趟。」

——執行最後金融監管無誤後退款至受款帳戶

黃檢察官看到品川的說明隨即在LINE上做出幾則指示：

「依照當事人的一個經驗，應該預計二十四號才能執行最後一次監管、落實查核並攸關當事人的權益日期確定。」

「如果當事人沒有提出額外的帳戶並接受相關的退款事宜的話，那檢察官要求監管科來指定當事人的富邦銀行作爲受款帳戶。」

「監管款項是單一項目，當事人的保險借貸、外幣換匯的補貼情況是另一項目。等待執行最後的監管、結案日期確定並與之計算，退款時會有兩筆明目款項入帳。」

「**檢座向當事人事先做確認一下，是否有富邦以外的受款帳戶呢？受款帳戶除富邦銀行之外，還想增加哪個帳戶呢？**」

品川看到黃檢察官在LINE上的指示，已很清楚結案日期在十月二十四日。因此，品川很高興的回覆黃檢察官說：「**受款帳戶除富邦銀行之外，我想增加匯豐銀行帳戶。**」黃檢察官回覆說：「好的，到時入帳的明細數字會再做提供，最後的監管雖是走流程，但仍要申請收據的。」

接著黃檢察官又在LINE裡頭說：「當事人在執行監管最後一次的同時，並且附上你想增加另一個受款帳戶的匯豐銀行帳號。那就麻煩當事人持續明天的作業情況，並之回報。」

「**檢座待會有庭訊要開，那就不耽誤你的工作時間了。**」

「以上對話紀錄留檔備案備查。」

「感謝您！」品川用感激的口吻向黃檢察官如此說。

時間來到下午的兩點半，品川收到代書的信息，即刻寫LINE向黃檢察官說：「報告黃檢察官，明天上午十點半交屋，我人不用南下楠梓。扣除契稅、印花稅、規費之後，結算後金額爲兩百一十二萬六千兩百三十六元，詳如上表，將會在明天星期五中午一點左右，由履保帳戶匯入我的富邦銀行帳戶。」

「請示黃檢察官，下一步驟如何處理呢？」

黃檢察官到了下午三點五分回覆品川幾則信息說：

「檢座明天申請兩百一十二萬的收據！當事人依照之前轉入監管帳戶後附上截圖，並在LINE上報告。」

「由富邦銀行轉入監管帳戶，和之前動作一樣。」

「二十一日執行監管，結案於二十四日（周一）下午，請當事人明日在LINE上提供匯豐銀行受款帳號，這關係當事人的結案權益，由於是兩個受款帳戶，檢座在申請上需備註富邦與匯豐銀行分別明細。」

「也請當事人確認富邦和匯豐銀行的明確交代事項（保險借貸金額利息與外幣換匯）清楚告知這兩個帳戶爲何用。」

「以上對話紀錄留檔備案備查。」

「好的，謝謝您的告知。」

接著品川又問黃檢察官說：「請問保險借款金額利息，以及匯差要如何計算呢？」

黃檢察官沒有即刻回覆，大約過了一個小時，在下午的四點四十分品川才看到黃檢察官回覆了幾則信息說：

「保險借貸以保險公司撥款當日金額起算，匯差計算以結案日當天台灣銀行公告爲準。也就是保險借貸的利息從撥款日到結案當天。」

「剛剛跟監管科有做過一個確認，原則上在中午之後就匯入當事人的帳戶。」

「明天請當事人提供匯豐銀行帳號，以及有沒有指定金額來做爲一個分別，例如，監管款項和補貼款項分開。」

「明天當事人要給出個明確的決定，以利申請分類。」

「以上對話紀錄留檔備案備查。」

品川看到黃檢察官如此清楚的說明和交代，就傳一個大大的「OK！」貼圖給黃檢察官，已表示非常的贊同。

晚上阿桂回到家，一進門就跟品川說：「我跟你說喔！」

「甚麼事，請說！」

「我公司的評鑑過關了。」

「哇！很不簡單！」

由於阿桂昨天評鑑過關，心情特別的愉快，加之，今天十月二十一日與朋友有約要爬陽明山，所以早上起得比較早，五點左右就已在主臥室的按摩椅上聽音樂；品川開門走到按摩椅旁邊跟阿桂說：「今日要忙楠梓房子交屋的事情，跟妳說一聲。」

「知道，你忙吧！」

到了六點，阿桂起身到餐桌用完早餐，就出門搭公車、搭捷運到士林捷運站與朋友會合，再搭朋友的轎車一起上陽明山二子坪爬山去了。

品川非常遵守規定，及信守承諾，看見阿桂出門，即刻拿起手機在LINE上向黃檢察官「報到」說：「黃檢察官早，目前淡水氣溫二十三度，陰天。十點半楠梓房子線上交屋。祝福您有個愉快的一天。」

黃檢察官八點半左右回覆品川說：「**薛先生早，祝你今日一切順利，檢座等待你的進度回報。監管科同仁，檢座打過招呼了；今日監管順利，明天的工作進度配合下周一下午結案，畢竟地檢署也有程序流程要走。若今日當事人的匯豐銀**

行帳號尚無提供，檢座將以富邦銀行作爲唯一指定的受款帳戶。檢座等待你的進度回報。」

「以上對話紀錄留檔備案備查。」

品川看見黃檢察官的回信即刻在LINE上回覆說：「待會兒一併回覆您。」

「好的。」黃檢察官隨即回覆說。

—結算金融監管金額、匯差與利率明細

品川按照黃檢察官的指示，將五次金融監管的金額、保險借款利息、匯差，以及返還之銀行帳號，詳實列計於LINE上，提供給黃檢察官參考，俾便監管科撥款入帳。於是品川在LINE裡頭回覆黃檢察官說：

黃檢察官您好，回覆統計監管金額、入帳銀行帳號、匯差及保險借款利息如下：

a.受監管金額總計630萬元如下：

9月23日167萬（銀行存款）＋9月26日93萬（銀行存款）＋9月29日79萬（美金定存25,000元解約換台幣）＋9月30日79萬（保險借款）＋10月21日212萬

（賣屋款）＝630萬元

b.爲化繁爲簡，630萬頃分別匯入：

富邦銀行懷生分行，戶名：薛品川，帳號：81680＊＊＊＊＊46，金額：300萬。

匯豐銀行天母分行，戶名：薛品川，帳號：01132＊＊＊＊＊88，金額：330萬。

作法原因：方便從這兩個帳戶轉帳歸墊我其它金融帳戶的存款。這些帳戶因爲配合辦案，進行監管所被騙走的存款。

c.**資金用途：每月還房屋與土地貸款、車貸、繳保險費、投資理財，以及家庭緊急備用金。**

d.美金匯差估算約17,500元：

9月29日美金匯率31.7

10月21日台銀匯率32.4

匯差0.7，美金25000 ＊ 0.7 = 17,500元

e.保險借款利息：

若是我十月二十四日返還保險借款，今日我會詢問保險公司，保險公司馬上可以計算出至十月二十四日的借款利息。

f.請問黃檢察官，匯差及借款利息的補貼方式呢？也是直接匯入我的銀行帳戶嗎？

以上說明。

黃檢察官看到品川回覆的資訊，再次詢問品川說：「匯差、借款利息當事人指定帳戶擇一辦理。」

品川回覆說：「可以麻煩您轉入我的富邦銀行帳號。」

「好的，檢座會把剛剛你說的和你發的信息提供監管科備查。」

「以上對話紀錄留檔備案備查」

過了兩分鐘，時間來到上午的十點四十二分，黃檢察官又傳來信息說：「等候當事人最後監管（按：售屋款）落實回報，先預祝當事人交屋順利。」

—上繳售屋款至監管帳戶即刻收到公證科收據

大約到了十一點左右，品川看到代書傳來LINE說：「交屋款兩百一十二萬銀行已從履保專戶匯款至你的富邦銀行帳戶，請查收。」品川隨即打開富邦銀行App，查詢兩百一十二萬已入帳後，即刻寫LINE告訴黃檢察官說：「**已順利交**

屋，也已匯兩百一十二萬入監管帳號，請查收。另請問檢座，下一步驟如何結案呢？」

黃檢察官大約在十一點二十八分左右在LINE上看到品川回覆的內容說：「時間比當事人預計的早，請稍後，檢座通知監管科查核。檢座先申請收據。」時間過了五分鐘之後，黃檢察官來LINE說：「監管科回覆已查到，請當事人稍候。」

「以上對話紀錄留檔備案備查。」

中午十二點整，品川收到黃檢察官在LINE上傳來「台北地檢署公證科」收據。

台灣台北地檢署公證科收據

案號：111年度金字第0098613號　　申請日期：111年10月21日

主旨：

一、茲收到受分案申請人：薛品川身分證號：S12135＊＊＊＊受公證科清點控管物品：新台幣貳佰壹拾貳萬元整。

二、本收據不得（損毀、塗改）無效，依《刑法》僞造文書罪，第二百十一條處一年以上七年以下有期徒刑。

三、清查歸還依《行政執行法》第一百五十三條，經須本人攜帶（本文、國民身分證、駕照、護照）等其他有效證明文件，至地檢署公證科辦理退款。

與正文無誤

檢察官：黃敏昌

台北地方法院檢察署

中華民國111年10月21日

相關單位：法務部行政執行處

品川看到這張影像收據隨即回覆黃檢察官說：「檢座辦理事情很有效率。」

黃檢察官大約在中午十二點八分也隨即回覆品川說：「下周一監管科會提出結案的報告，包括監管合計金額及二十四日當天列入計算的匯差，以台灣銀行公告的為準，以及當事人保險借貸使用的天數產生之利息明細。另當事人提供的兩個受款銀行帳戶，檢座已提交監管科供其結案報告使用。」

—檢察官回覆下周一下午正式結案

過了五分鐘，黃檢察官又寫LINE給品川說：「檢座本人於下周一也要提出當事人薛品川於分案調查期間的各項配合調查之事實，包括在LINE上所有的對話紀錄備案過程結果上報主任。無意外下周一（二十四日）下午正式結案。」

「感謝您！」品川用愉悅的心情回覆說。

黃檢察官隨即回覆幾則信息說：

「感謝當事人的積極配合態度。以上對話紀錄留檔備案備查。」

「用餐時間，薛先生快吃飯吧！檢座等一下要為下周一的結案報告做準備。」

品川看見黃檢察官回覆的信息，非常愉悅的說：
「檢座也要休息一下，愉快地享用午餐。」
黃檢察官看到品川對他的關心，也立即回覆說：
「好的，謝謝你的關心。」

4. 書記官傳來一封檢察官確診信息

十月二十三日下午大約在五點三十一分左右，品川突然聽到叮咚一聲，看了一下LINE，原來是黃檢察官請書記官康敏郎傳給品川的信息說：

此訊息是應黃檢察官要求所發送
本人是今日台北地檢署留守值班書記官康敏郎。本文內容如下：
黃敏昌檢座明日（十月二十四日）的結案報告，因爲自身的確診必須延宕！
檢座本人也依正常程序向地檢署及相關單位通報，並採取自主防疫隔離，確診發生在十月二十二日周六。

由於染疫故不能正常於北檢工作，所以監管科同仁的分案調查過程的報告，攸關當事人的權益結算日期，必須等到黃檢座返回地檢署才能結算。

特此告知

檢座預計在十月二十八日前回北檢工作，但確切日期尚不能確定。

本書記官不做任何回覆！

請當事人耐心等候。

以上對話紀錄留檔備案備查

隨即在LINE上傳來一張兩條紅線確診的圖片給品川。

品川看到這則信息與圖片，心中突然有種不祥預感，但還是在LINE上回覆說：「祝福黃檢察官早日康復。」

此時品川在內心暗自思忖，那有這麼巧的事呢？再這樣下去，品川被「金融監管」的金額要到何時可返還呢？若月底不歸還，品川十一月要支付的房貸、儲蓄險就出現大缺口了。

品川隨即安靜默默地向上帝祈求禱告……。

六、呼喊不出上帝的名字

驕傲的人爲我暗設網羅和繩索，他們在路旁鋪下網，設下圈套。——《聖經．詩篇》

邪惡的本質就是以一點點的眞理欺騙我們，不需要全部眞理，只要少許，就足以欺騙我們；而我們的智慧往往發揮不了大作用。——Bruce Wilkinson

1. 祈求上帝醫治黃檢察官COVID-19

品川得知黃檢察官確診消息，十月二十四日星期一便無法結案，品川所繳交放在「金融監管帳戶」的金額當天也無法歸還，心情眞是五味雜陳。但品川一早六點三十分左右還是按照分案辦理的規定向黃檢察官「報到」說：「黃檢察官平安，目前淡水氣溫二十一度，陰天。願上帝祝福您平安健康！請好好休養，身體早日康復。」

品川向黃檢察官「報到」之後，因今日要到關渡醫院新陳代謝科回診的關係，品川先在公司的LINE群組中請假後，就獨自在書房中讀經禱告，並為黃檢察官的不幸染疫，以及「龍華吸金案」早日結案持續向上帝祈求：**「願上帝醫治黃檢察官的COVID-19，早日回到工作崗位處理結案相關事宜。」**

品川打開「新眼光讀經」—在真理中堅定信仰這本冊子，十月二十四日當天的讀經內容是在《啓示錄》五章九節：

「他們唱著一首新歌，唯有祢配接受那書卷，掘開上面的印；因為祢曾被殺！由於祢的犧牲流血，祢從各部落、各語言、各民族、各國家把人贖回來，歸給上帝」，這段經文似乎在說：**「全人類不要再被罪惡所轄制，上帝要把救恩信息傳給全人類。」**

品川一直思索這段經文的涵義，是不是上帝藉由這段經文要跟品川說什麼話呢？有沒有什麼亮光出現呢？品川一直思索著，但沒有答案……。

突然有一亮光在品川腦海中一閃：**「喔！是不是我被罪惡所轄制呢？」**

品川讀經結束後，再次向上帝禱告，請求上帝能早日醫治黃檢察官的COVID-19，讓黃檢察官能儘快回到辦公室辦理「龍華吸金案」結案相關事宜，也早日返還監管金額，以及還給品川清白。

然而今日黃檢察官卻沒有在LINE上面回覆品川的「報到」內容。

2. 黃敏昌檢察官係行騙用之「虛擬名字」

品川的身體有代謝毛病須每三個月到醫院回診拿藥。因此，品川在書房禱告結束，便伸手從書桌的夾子上拿取自己的掛號回診單，查看看診時間是從八點開始，就診序號爲二十七號。就連忙穿好衣服與鞋子，騎著機車到淡水捷運站搭捷運到關渡捷運站下車，走路到關渡醫院回診。品川在走路到關渡醫院這段時間大約十分鐘，因關心黃檢察官病情的關係，就撥電話到台北地檢署詢問黃檢察官的情況，接電話的人說：「**我們地檢署沒有黃敏昌檢察官這個人，他是詐騙集團分子，已經有許多人被騙了，請趕快撥165反詐騙電話報案。**」

此時品川整個人像被雷劈到一樣：「怎麼可能……**黃敏昌檢察官是詐騙集團**

用來行騙的『**虛擬名字**』……；我竟完全信任他；這一下子可完蛋了，怎麼跟阿桂及家人交代？」品川自言自語驚慌的說著。

品川此時一邊走路，一邊用手機撥165反詐騙電話。

「喂！你好，這裡是165反詐騙電話。」

「先生，我要報案，有位聲稱黃敏昌檢察官的……。」

還沒等品川說完話，電話那一邊馬上說：

「**黃敏昌檢察官，那是假的，那是詐騙集團**。」

此時品川已知道大禍臨身，沉默不語……。整個人像是被網網羅一樣，無法掙脫似的。

緊接著165反詐騙電話裡頭的服務人員接著問：

「請問先生貴姓？」

「我姓薛。」

「薛先生，請問你住家在哪？」

「在淡水。」

「好的，我現在通報淡水警察局，待會兒淡水分局會有警員打電話給你，要注意接電話。」

「好的，謝謝您！」

3. 內心恐慌測不出血壓也呼喊不出上帝名字

這時候品川已走到關渡醫院門口，因在COVID-19疫情期間，醫院有做必要的人員管控措施，每位來醫院看診的病人以及陪同的家屬，進醫院時雙手都須接受噴灑酒精消毒，以及量測額頭體溫的動作。在疫情期間，這個流程已成爲進入各個公共場所的SOP了。

品川到了關渡醫院就跟著來看診的病人魚貫進入醫院大廳，大家依序排隊到酒精感應儀器下方，伸出雙手噴灑酒精消毒，接著分兩列依序排隊拿出健保卡遞給醫護人員插卡登入註記，接著醫護人員便一個個詢問近日有否發燒咳嗽，或到過哪些疫情國家，若無上述情況者，則發給一張證明單子，作爲進出醫院的依據。接著，再往前走路經過體溫掃瞄量測儀器，觀測體溫是否有超過38度。這些步驟均已完成之後才准予進入醫院看診。

品川通過這些管制措施之後，就搭乘手扶梯到二樓的新陳代謝科診間的「看診報到機」前插卡報到，報到成功之後，品川快速的走到血壓量測器旁，先把健保卡插入血壓機的紀錄插孔，接著按下開始的按鈕，血壓機便自動開始測量品川的血壓了；這時品川再怎麼測量血壓，血壓就是一直飆高，飆高到血壓機自動當機，就是測不出品川的血壓出來，品川還一度以為血壓機壞了；品川不死心地在這一台血壓機來回重複測了五至六次，依舊測不出血壓出來，甚至換了另外一台血壓機測試也是同樣情況。這景況已顯露出品川當時的緊張情緒與內心的煎熬和恐慌。

其實，品川聽到黃敏昌檢察官是詐騙集團用來作案的「虛假名字」時，已知道事情的嚴重性了，他第一時間想到的是：「被『金融監管』的金額已經全數拿不回來了，夢想七十歲時要開咖啡廳的美夢也瞬間破滅了。」

此時此刻的品川外表看似極為冷靜。其實，他的腦筋早已是一片空白，內心就像血壓機測不出血壓一樣的心慌意亂；他的內心已沒有力氣再向上帝禱告了，想再要用力禱告也禱告不出來、想再要大聲呼喊也呼喊不出「上帝」的名字，心境宛如「叫天天不應，叫地地不靈」的寫照；不知道如何跟阿桂說明事情原委，也不知道如何跟家人交代。

品川因測不出高血壓與低血壓，就乾脆不測了，直接到診間的等候區等候。沒想到品川一走到診間等候區，人還未坐下，馬上就聽到：

「27號！27號！薛先生在不在？」此時護理師在診間門口喊著。

「在！在！在！」

「請進來。」

「醫師您好。」

「請坐。」

這時新陳代謝科的主治醫師瀏覽了一下電腦螢幕，就從護理師旁的印表機列印出生化檢驗報告，以及新陳代謝檢驗報告；主治醫師就檢驗報告內容，詳細的跟品川做說明：「薛先生，你的尿蛋白指數、腎功能指數、三酸甘油酯指數、總膽固醇比值，還有肝功能指數都很正常；這次不錯，你的醣化血紅素H6.8有進步，上一次是H7.0。這次的藥單還是照正常開給你，三個月過後再來回診。」

「好的，謝謝醫師。」

品川從椅子上站了起來，眼睛向著主治醫師及護理師示個意、點了個頭，就開門走出診間，在診療休息區等待護理師給他的「下次就診單、生化與新陳代謝申請單，以及藥單」，就在這個等候的同時，品川接到淡水分局的來電說：「請問你是薛先生嗎？165反詐騙來電通知你有報案，請問上午幾點有空呢？能否現在來淡水分局中正派出所做筆錄呢？來淡水分局中正派出所之前請預先撥打電話給一位林○○警員，我們派出所在淡水中正路。」

「我現在正在關渡醫院看病，無法馬上過去。」

「看完病之後，上午能過來做筆錄嗎？」

「你們派出所在淡水中正路，是不是以前的憲兵隊所在的那棟房子呢？」

「是的，記得來之前請預先撥個電話給林○○警員，薛先生待會兒見。」

大約過了五分鐘，護理師從診間開門走了出來，「薛先生在嗎？這是你的醫療單子和繳費單。」品川聽到護理師在叫他的名字，就走向前雙手從護理師手上收取這些單子，隨即直奔一樓掛號處抽號碼牌繳費，繳完費後轉身用小跑步到藥局等候領藥，品川一領完新陳代謝的藥之後，便邊走邊小跑步的走到關渡捷運站，搭捷運至淡水捷運總站，騎機車火速到淡水分局中正派出所找林○○警員報案，並製作筆錄。

4. 任何案件發生於當地警局報案即可

品川騎機車一到中正派出所，不管三七二十一，就直接把機車駛進派出所的機車停車格上，小跑步的進入派出所。這時候已是上午的十點五十六分了。

「請問林○○警員在嗎？他跟我有約。」品川上氣不接下氣的對著值班警察說著。

「對不起，這裡是特偵組，你走錯了，是對面那一棟樓。」品川自己著急也走錯了方向，就迴轉過馬路走到對面的淡水中正派出所。

品川走進中正派出便所急忙的向值班的女員警說：「請問林○○警員在嗎？他跟我有約。」

「請問是哪一位林警員？我們派出所有兩位姓林員警。」

「林警員的名字叫林○○。」

「林○○，有位先生找你，說你跟他有約。」

這時候有一位年輕警察從門旁走了出來。品川看著這位警察一眼，內心暗自想著：「這麼年輕就當警察，有經驗嗎？」

林警員看到品川就說：「請坐，你有向165反詐騙集團報案。我現在要開始做筆錄，我來問，你回答。」

「警察怎這麼冷漠，怎沒有像那位『王科長』那般的客套、有溫度呢？」品川內心有著如此的感受。

林警員一面問品川案情，一面在電腦上打字製作筆錄，這時品川很好奇的問林警員說：「**請問林警員，案情發生在高雄，非得到高雄受理報案嗎？**」

「**誰說的呢？在淡水報案即可，沒有說非跑到高雄報案。**」

品川頓時領悟過來，自己調侃自己說：「眞是笨蛋沒常識。」詐騙集團就是懂得製造緊張氣氛，「**非三小時之內抵達高雄報案不可，否則就過時無效**」，這樣歹徒才能趁機以疫情期間爲藉口，改用LINE做爲製作筆錄的方式，讓品川的整個思維就被歹徒帶入一個合情合理的劇本裡頭了。

林警員針對品川被詐騙集團詐騙的過程與情況大約花了一個半小時的時間，完成一份制式的筆錄，並請品川過目，以及詢問品川筆錄內容是否有需要修改的地方。品川從林警員的手上拿起這份筆錄從頭讀到尾看了一遍又一遍，深怕有不恰當的地方會影響辦案，或者是筆錄有對品川不利之處；品川看過之後把一些不順暢的語句和不符合案情說明的地方挑了出來，建請林警員修正。

林警員看過挑出來的內容，同意品川的建議，很快的在電腦上修正完畢之後，立即將這份筆錄透過系統上傳給幾個上級單位，包含林警員的長官。

哈！品川遇到真正的辦案警察，反而有戒心，對假冒警察的歹徒反而很順從。真是怪哉！怪哉！

做完筆錄之後，林警員請品川先回家等候通知，也沒有很熱情的向品川問東問西，更沒請求品川與他加LINE，只跟品川說：**「你現在就把詐騙集團這個LINE帳號封鎖。」品川接受林警員的建議，隨即在林警員面前封鎖了歹徒「王志成科長」的LINE帳號**之後，就離開淡水中正派出所，騎機車往淡水捷運的方向了。這時候時間已接近下午的一點了。

5. 演一齣飛鳥飛進捕鳥人網中的劇本

這時候品川已知道，自己像是一隻飛鳥，飛進捕鳥人的網中，完全沒有發覺。**也如同《雅比斯的禱告》這本書的作者魏肯生（Wilkinson）博士所說的：**

「邪惡的本質就是以一點點的眞理欺騙我們，不需要全部眞理，只要少許，就足以欺騙我們；而我們的智慧往往發揮不了大作用。」

品川的所思所想，以及所作所爲完全被魏肯生博士的話給說中了。由於品川自己的「善良」，被假借「高雄市前金區戶政事務所」（眞理）的一通「友善」（欺騙）報案電話，辛苦積攢下來的積蓄就一夕之間被「奪光」了。似乎也粉碎了品川七十歲時想開咖啡廳的「美夢」。

而令品川受害最深的並不是這「悲慘」遭遇的過程，而是「默許」這些遭遇發生在自己的身上。如同《箴言》所說：「通達人見禍藏躲，愚蒙人前往受害。」品川就像是那位愚蒙人。

再者，品川被這群詐騙集團暗自設下的圈套、鋪下的網，完全沒有洞察出來，就像是大衛在《詩篇》140章五節中所說的：「驕傲的人爲我暗設網羅和繩索，他們在路旁鋪下網，設下圈套。」大衛被那些邪惡的人設網羅與圈套陷害他，品川也同樣被惡者設網羅而成爲手中的人質。而這些詐騙集團成員憑藉著他們暗中對品川的了解來布置陷阱。因此，無需主動追擊就能捕獲品川這一隻獵物。

這些聰明的詐騙集團成員，早已對品川學經歷瞭若指掌，於是編了一套劇本，詐騙集團自己當導演，讓品川和他們一起當演員，演了這一套「龍華吸金案」的劇本。

大衛被敵人設網羅與圈套陷害，只能祈求上帝說：「耶和華阿，祢是伸冤的神，伸冤的神阿，求祢發出光來。審判世界的主阿，求祢挺身而立，使驕傲人受應得的報應。耶和華阿，惡人誇勝要到幾時呢？要到幾時呢？」（《詩篇》94：1-3節）大衛對上帝的呼求話語，用在品川此時此刻的心境和景況竟是如此這般的貼切。

七、啓動危機處理

祂必救你脫離捕鳥人的網羅和毒害的瘟疫
——《聖經．詩篇》

1. 修護詐騙集團攻破的堡壘

品川在警局做完報案筆錄，並沒有馬上回家，開始尋求解決方法。品川告訴自己說：「無論遇見什麼事，內心都不能著急，也不要隨從外在景況而波動；內心更要安靜、忍耐、仰望等候神的引領和教導，更需要依靠聖靈打開陰霾，以及藉由神的話語開通前面的道路。」**品川很清楚，這時候向誰訴苦都無濟於事，**唯有「向高山舉目，因你的幫助從神而來」。

──慎防個資從銀行流出

品川獨自一個人來到淡水河邊，找了一張有樹蔭的椅子坐下，安靜的思索這整個被詐騙的過程：

a. 發覺自己的個資應該是從某間銀行的行員手中流出去的，否則詐騙集團怎會知道品川曾在某家玉山銀行分行開設過網銀呢？以及知道品川在某家銀行的房屋貸款的保證人是阿桂呢？以至於掉入網羅，成為歹徒的囊中物。

b. 再者，就是自己求證不夠透徹，前金戶政事務所、陳警員、王科長打來的電話區域號碼都是02，而不是07，顯然詐騙集團發話地點在台北地區，而不是高雄地區；另外，又過於相信自稱是公務員的假公務員、假警察和假檢察官的虛擬謊言。

c. 以及「慣性思維」戕害了自己，認為自己過去已有的經驗，就可複製，導致自己的財富堡壘被詐騙集團攻掠。

──採用「Q、V、V決策」做危機管理

另外，品川在此詐騙事件中犯了一項重大決策錯誤，亦即是查證不夠確實，

品川一直受詐騙成員灌輸「偵查不公開」資訊的影響，造成品川一直不敢向親友們求證。再者，品川有找其他管道求證，卻過於「主觀」，這是一般人常犯的人爲錯誤，以至於思維傾向於正面思考，而忽視了反面思考。邱強在他所著的《危機管理聖經》中曾說過：「Wal-mart有位老闆曾告訴他說，他一輩子都用Q、V、V（Qualification, Validation, Verification）的方式做決策，而且這位老闆說，他所收到的資訊中，有70%是假的。他之所以能夠成功，就是能把那70%錯誤的資料轉換成正確的資訊。只要換成好資訊，就能做出好的決策。」

品川曾是國家全局高階主管，在國安單位上班時，常用「Q、V、V決策」，在做情報資訊分析，惟自己身陷詐騙案時，就忽略了要使用「Q、V、V決策」來做查證，亦即是Q（Qualification），收到戶政機關，以及警察機打來的電話，沒有嚴謹的審視資訊的品質，亦沒有詢問清楚，就以「慣性思維」、很「主觀」且「局部化」的認定資訊的正確，這種「見樹不見林」的思維是危機處理的最大陷阱；V（Validation），收到王科長的傳眞公文，沒有確認公文的可信度，亦沒有冷靜思考，被王科長「話唬爛」，就恐慌的把資訊撕毀掉，以至於缺乏可靠的根據；V（Verification），當品川收到的資訊品質與可信度都有問題時，品川沒有再做最後的查證，因此就做出最Stupid的決策，引狼入室，攻破自己的城池了。

—守住城堡不炫富

品川自己的財富管理非常保守，他自創一套「財富管理城堡」模式，也是一種預防危機的管理模式，來看管自己的貲財，亦即是一種「無時防有」的預防危機；品川把七成的貲財存放在城堡裡面，其餘擺在城堡外，這是品川年輕時所作的危機預防管理模式。城堡外挖一道護城河來保護這座城堡，城堡裡面存放著不動產、儲蓄險和各項保險，以及定期存款；這條護城河表示現金流，護城河外才是投資與消費。當城堡外發生巨變，舉凡國內外政經情勢波動，或者發生軍事威脅，或者家裡急需用錢，導致現金流減少，甚至投資虧損時，品川還能保有城堡內的貲財，以因應「不時之需」。

然而品川這次會受騙，發覺自己「百密一疏」，太過於信任「自稱是公務員、警察與檢察官的人」，因此傻傻地告訴這群詐騙集團成員，我的城堡長的怎麼樣、裡頭存放多少黃金。而且黃金存放在那裡也「一五一十」的告訴詐騙集團成員。導致詐騙集團能夠直搗黃龍，攻破城堡，直接進入城堡內搬運貲財。這一件事對品川來說，已造成嚴重危機，可說是人生一大挫折。因養老的本在不知不覺當中已被詐騙集團成員給搬走了一大部分。

這件事讓品川也想到《聖經．以賽亞書》裡頭有則故事如此說：「猶大王國的國王希西家曾作了一件糊塗事，就是巴比倫國王聽說希西家國王病癒，就派使者來道賀，實則窺探情報；希西家國王見巴比倫使者內心極歡喜，便容許巴比倫王的使者，參觀自己的寶庫和武庫。其後，便成為巴比倫進攻猶大王國首都耶路撒冷的重要情報。」

—尋找生機降低傷害

品川面對被詐騙集團搬空護城河裡的現金流、搬走城堡內部分的儲蓄險、外幣定期存款，以及不動產，已造成品川個人的財力危機，也可以說是已造成品川個人的老年危機。因為品川立即要面對月繳的房貸、年底要繳的儲蓄保險，以及每月要繳的保險費，這些現金流不見了，亦就是這條護城河裡面河水乾涸了，現金流不見了，這要如何處理呢？這件事對家庭會產生何種衝擊呢？如何不讓危機擴大導致失控呢？也就是絕對不能讓這個漏洞，再擴大變成大危機。

品川思索至此，爲爭取時效、降低傷害，須立即修復護城河，注入河水，防止事情擴大。品川當機立斷，立即作了以下的決定：

a. **解約部分到期儲蓄險**：爲了先注入活水至護城河裡頭，必須解約部分已到期的儲蓄保險，亦就是先創造現金流，讓下個月的各項支出不至於斷炊。

b. **守口如瓶**：爲了保持良好心情處理危機，不隨便到處告知任何人此事，只跟對的人商討此事。因《箴言》**說：「謹守口的，得保生命；大張嘴的，必致敗亡。」馬丁路德也曾說：「橫逆來時要鎮定安靜，心中的憂傷不要四處張揚。」到處發洩自己的痛苦，只會自取其辱，畢竟雪中送炭者少。**

c. **循法律途徑提告**：明知被詐騙的現金無法取回，但爲給參與詐騙者一個警惕，以及引起檢警對詐騙案的重視，仍委請律師撰寫「刑事告訴狀」向地檢署遞狀處理。

d. **不接觸不談判不妥協**：使用Whoscall軟體過濾可疑電話；有破綻就會上當，遇可疑詐騙成員或話術即撥165查證；遇詐騙集團威脅，以警察機關爲後盾，決不自行與詐騙成員接觸、談判與妥協。

2. 向銀行追回已入詐騙帳戶款項

品川安靜思考之後，爲控管危機，第一通求助電話並沒有打給阿桂，而是撥給一位剛從華南銀行法務部門退休的好友，請教他如何向銀行追回自己的款項；**好友請品川先到富邦銀行取得「匯款至中信銀該詐騙帳戶（金融監管帳戶）」的證明文件之後，即刻至中信銀指名，返還所有匯至該詐騙帳戶的金額。**

品川接受好友的建議，即刻騎機車到中信銀淡水分行辦理此事；品川一進門就衝到號碼機前抽號碼，抽到的號碼是127號，品川拿起號碼單，眼睛向四周一看，等候辦理的人潮很多，這時品川內心是有點著急，但面對此景況眞的沒辦法也只能等待叫號。

「127號！127號！」這時時間已來到下午的兩點半左右，品川足足在銀行座位上吹冷氣等了半個小時。

品川走到四號窗口，話語急促地跟櫃台服務行員說：「**我被詐騙集團騙了許多錢，現在要請求辦理返還該詐騙帳戶的金額，這是我的匯款證明。**」

「先生，請等一下，你的證明單給我，我請教經理一下。」

這位銀行行員便起身走到櫃檯旁的一個後門前，推開門走了進去，品川則在櫃檯前站了約七分鐘左右。這時櫃檯旁的後門打開了，這位中信銀行員與經理一同走了出來。她們倆看了品川一眼……。

「薛先生，對不起！讓你久等了。」銀行經理說。

「我們查了一下，這個帳號目前餘額只剩下新台幣523元。」

「怎麼可能……。」

「你每次轉帳至這個劉凱玲帳戶，台幣金額就馬上被換成美金匯到國外帳戶了。」

「什麼？」品川很驚訝地說。

「匯到國外帳戶，非常難追。你的錢真的拿不回來了。」

「這個帳戶目前只剩下523元，若你想要，也必須有警局的報案通知書才可以提出來交給你。」

「謝謝！不用了。」

品川面對此景況只好轉身默默地離開了中信銀淡水分行了……。

品川當然清楚，現金被詐騙集團騙光，已經造成他個人的中老年危機，以及

家庭危機，甚至可能演變成婚姻的危機。而詐騙集團成員騙到金錢快樂都來不及了，怎會去管受害者死活呢？而受害者已是欲哭無淚，一籌莫展，甚至恐慌到可能尋短。然而此時此刻，詐騙集團成員手中正數著大把鈔票，受不到法律制裁，仍然逍遙法外。

3. 提呈「刑事告訴狀」讓檢警辦案有根據

品川走出中信銀淡水分行已接近下午的三點，隨即撥電話給一位值得信賴的莊律師，簡要告訴被詐騙過程。莊律師聽完品川的敘述之後隨即告訴品川說：「你被詐騙的金額，應該很難追得回來。不過，爲了讓檢察官及受理案件的警局重視你的案子，我來幫你完成一份刑事告訴狀。」

「謝謝，莊律師。」

緊接著莊律師又在電話中告訴品川說：「麻煩您把所有留在LINE裡面與歹徒的對話內容截圖之後傳給我，要做爲證據使用。」

「好的，眞是感恩！」

—犯《刑法》「幫助加重詐欺取財罪」

品川花了好長一段時間才完成截圖，至少有一百六十張左右的截圖。品川立即將截圖傳給莊律師做爲佐證資料，並打LINE電話向莊律師，再次說聲謝謝！

莊律師接到品川的來電之後，順便告訴品川說：「**劉凱玲小姐提供帳戶供詐騙集團使用，已犯《刑法》第30條第一項、第339條第一項、第339條之四第一項第二款、第三款之幫助加重詐欺取財罪**。我現在已針對您提供的佐證資料，正在繕寫刑事告訴狀。」

「莊律師，謝謝！謝謝！謝謝！」品川用感恩的心再次說著。

莊律師掛下電話，不久便在LINE上回覆品川說：「麻煩您明天下班之前到我律師事務所來拿刑事告訴狀，後天一早就送到士林地檢署掛號偵辦。」

品川看到莊律師在LINE上所寫的內容，非常感動，再次打LINE電話親自向莊律師說聲：「感謝！感謝！感謝！」

—代罪羔羊自動投案接受地檢署偵訊

品川收到莊律書代爲執筆的「刑事告訴狀」之後，隔天一早便將告訴狀送到士林地檢署掛件，懇請檢察官調查本案，並予以起訴。

惟品川向淡水警察分局報案，及向士林地檢署遞狀之後，再也沒有接到受案警察或者地檢署檢察官的來電關心，還以爲案件已石沉大海。若「對比」所謂的假警察與假檢察官的熱心程度，可說完全天壤之別。

再者，經由檢警單位兩個多月的抽絲剝繭調查，發現提供帳戶讓詐騙集團使用的劉小姐，家住萬華地區。因此，淡水分局按行政劃分權責把本詐騙案移交至萬華分局，及台北市地檢署繼續辦理，並對劉小姐發布通緝；經過一個多月的通緝，劉小姐終於自動投案，接受偵訊。事後才知悉劉小姐涉詐騙案件至少四起以上。

—提起附帶民事訴訟請求損害賠償

代罪羔羊接受台北地檢署偵訊之後，案情已明朗。品川爲讓歹徒能得到教誨，再度請莊律師，就被告劉小姐涉「台灣台北地方法院112年度訴字第569號刑事案件」，依法提起附帶民事訴訟，請求損害賠償。

目前劉小姐的犯行已受到中華民國《刑法》第339條（普通詐欺罪），以及洗錢防制法第二條、第十四條的懲罰，有可能處七年以下有期徒刑。這起詐騙案件劉小姐只是代罪羔羊，眞正主謀著手裡正數著大把鈔票，得不到法律制裁，還繼續在使用這套老劇本在「撒旦（虛擬）的世界」裡逍遙法外。

4. 夫妻本是同林鳥大難來時仰望上帝

品川與莊律師通完電話，已是下午四點一刻，品川馬上搭捷運到台北市圓山捷運站等阿桂下午五點下班，再向阿桂報告這一件很不值得原諒的事件。

品川抵達圓山捷運站，一個人獨自坐在圓山公園的椅子上，秋天的風徐徐的吹來，又飄著細雨，秋風細雨打在品川的身體上，是那般的瑟瑟，一點也沒有春霖可帶來的期望，也沒有冬雪可帶來的醞釀。**但秋風呼呼地吹著品川的身體，倒是把品川負面的念頭和情緒吹得遠遠的。但品川的腦袋還是一片空白沒有定見，不是品川沒有作爲，而是冷靜地在想著事情原委。**

品川看著手上的小米手錶已是下午的五點十三分，就撥電話給阿桂問她下班了沒。

「哈囉！下班了嗎？」

「下班了，正在路上。你往後看，就在你背後。」阿桂俏皮的說。

阿桂因爲公司通過社會局的評鑑，心情非常愉快，今晚想邀品川一起到石牌的緬甸餐廳用晚餐。所以一面走著，一面哼著歌迎面走到品川的面前。

品川看到此景，內心有點不捨，很想不告訴阿桂他被詐騙集團騙走巨款這一件糗事。

可是，眞的無法隱瞞，非說出來不可，最後品川還是鼓起勇氣跟阿桂說：

「有一件很重要的事想跟妳報告，但妳千萬別生氣。」

「什麼事呢？」

「我被詐騙集團騙了，總共騙走了六百三十萬。」品川突然遲頓了一下才說出這一句話。

當下阿桂沉默不語，愉悅的心情突然不見了，圓山捷運站秋天的空氣，像是冬天的冰庫一般的冷冽，時空就被定格了好幾秒。

突然間阿桂的牡羊座個性開始爆發，立即開罵說：**「你怎麼那麼笨！還說你是國安局出身的，還被詐騙集團騙，笑死人了，眞是一點Sense都沒有。」**

「你怎麼會有哪麼多現金呢？怎不拿去還房貸呢？」

品川一點也不敢回嘴，只有頭低低的讓阿桂罵，只簡單地跟阿桂交代被騙走了那些貲財。

阿桂聽了更氣：「眞是笨蛋！！！」

上了捷運車廂，阿桂一直對著品川說個不停：「**眞是笨！沒有人像你這麼笨的，眞是一點Sense都沒有……。**」

在捷運車廂裡面旅客擠得像沙丁魚一般，但阿桂的嘴巴對著品川總是罵個不停：「**笨！明眼人一聽就知道是詐騙集團！一點Sense都沒有！還說你是國安局出身的！沒有看過這麼笨的人！……。**」牡羊座性格又血型B型的阿桂，在捷運車廂內無視車廂內那麼多乘客，一直不停的對著品川罵，讓品川站也不是，坐也不是，很是尷尬。

—家人關心與教會小組禱告心靈得安慰

阿桂生氣到，沒有心情吃晚餐，就不想在石牌捷運站下車，去原來想去的緬甸餐廳用餐，也就直接搭捷運回淡水了。

阿桂回到家中，簡單的煮了兩碗湯麵，一句話也不說，自己端了一碗湯麵直接進到主臥室內，碰！的一聲，門就關起來了。品川見此狀，知道今晚只能睡在兒子的房間了。此景況如同《箴言》的教示：「**寧可住在房頂的角上，也不在寬闊的房屋與爭吵的婦人同住**。」品川就一個人默默地到廚房端了另一碗麵，坐在餐桌上安靜地**吃完這一碗「忘了滋味」的湯麵**。

突然間品川的手機響了，是品川兒子從新竹打來的電話，一開口就跟品川說：「爸，事情已經發生，多說也無益。錢還夠用嗎？」

「還好，可能要繳房貸和保險費會有點吃緊。而被詐騙集團詐騙的金額當中，有些是你阿嬤放在爸這裡的錢，將來要分給你阿伯，及姑姑們。」

「**我想把江南大宅房子賣掉，就給爸你兩百萬**。」兒子用低沉的聲音跟品川說。

品川沒有回答任何話，只有默默的接受兒子的雪中送炭。

原來阿桂已經把品川被詐騙集團詐騙的事情「一五一十」地跟兒女們述說了。品川知道阿桂已把詐騙的事向兒女們說明，品川立即在LINE裡頭的「Sweet home群組」寫了幾句安慰大家的話說：「**爸被詐騙集團騙了好幾百萬，內心當**

然很難過，但日子總得要過，希望大家忘記背後，努力面前。」

這時品川在主臥室門外聽到阿桂的禱告聲，原來阿桂已把此事通報給教會的姊妹禱告小組，她們正爲品川被詐騙集團詐騙這件不幸的事件祈求上帝憐憫與心靈的醫治。

—兒子與老婆大人雪中送炭度過難關

過了些許片刻，阿桂走出主臥室，很平和地跟品川說：「**明天拿我的存摺到台灣銀行、第一銀行，及合作金庫各領四十萬，總計一百二十萬給你；另外到中華電信把家裡的市內電話號碼換掉，重新申請一組新的號碼**；今晚你就睡你兒子的房間。明晚也請列出一張表，把你自己所有銀行剩餘存款，以及儲蓄險保單金額全列出來給我及兒子看。」

「好的，沒問題，明天列表出來給你們細閱。」品川也只能默默的承受說著。

品川面對個人如此重大危機，家庭關係與婚姻關係還能維繫，主要係他們家人有著共同信仰，才能弭平價值觀、個性與成長背景的分歧，也才能在大難來臨時，選擇一起分擔，一起仰望上帝。

品川與阿桂因著信仰的關係，不會大難來時各自飛，而是更堅定仰望上帝，彼此互相Pump。有句外國名言如此說，"Ships do not sink because of the water around them; ships sink because of the water that gets in them. Do not let what is happening around you get inside you and weigh you down."（船不會沉沒，因爲周圍有水；船隻因進水而沉沒。因此，不要讓周圍發生的事情影響你的內心並讓你感到沉重）。《牧羊少年奇幻之旅》作者Paulo Coelho說過一句名言，"If you are brave enough to say goodbye, life will reward you with a new hello."（如果你勇於向過去道別，人生會回報你一個新的開始），就以這兩句名言贈送給願意揮別過去，擁抱未來，不讓舊事崩壞人生的品川與阿桂。

※野火燒不盡春風吹又生

疫情過後，詐騙集團更囂張，仍繼續到處行騙，台灣政府對他們眞是束手無策，檢警單位雖有破案，例如二〇二三年八月二十一日桃園地檢署就破獲中國信託銀行雙和分行、北蘆洲分行、江翠分行等分行行員涉嫌與詐騙集團勾結；內政部警政署也不斷地用宣傳手法告訴老百姓，「勿輕信網路上冒假名人投資影片、小心求證爲防詐之不二法門，有任何疑問歡迎撥打165專線即時查證」，但效果仍然有限。套句老話說：「賠錢的生意無人做，殺頭的生意總是有人做。」

台灣的詐騙事件，不會因品川行法律途徑向地檢署遞狀查案，或者檢警單位的持續破案，就會減少，反而依舊，甚至更囂張。《今周刊》第1383期特別專題報導，台灣「打詐愈打愈狂眞相」內容說：「詐騙集團四層金流只花十七分鐘，警察調帳戶得發紙本公文耗兩個月；新科技取證不算數，抓不到大尾，判刑三年以上僅0.4%；政府要求配合打詐，數位平台反問『法源是甚麼？』」以下三個眞實案例就在作者完稿之後，繼續發生在周遭的事情：

案例一：接到一通戶政事務所錄音電話

二〇二三年七月的某一天，品川白天在家中，突然聽到家裡的電話鈴聲響，內心暗自思忖著，家中電話號碼已更改，有誰會打來呢？品川一拿起電話筒，還沒講話，就聽到錄音播放的聲音說：「這裡是戶政事務所，你有委託別人來申請戶籍謄本嗎？請按#6388查明清楚……。」品川一聽到此馬上掛掉電話。

品川自行猜測，爲何行騙內容會用錄音撥放呢？是不是與品川家裡的電話號碼更改，詐騙人員無法掌握電話主人是誰有關呢？詐騙集團是不是已成爲一種賺錢的產業呢？爲什麼賠錢的生意無人做，殺頭的生意總是有人做呢？

詐騙集團仍然繼續使用這套老劇本在「撒旦的世界」裡行騙著……。

案例二：高雄前金區戶政事務所打來詢問電話

二〇二三年八月的某一天，品川在FB看到高中同學，方同學PO出一則她接到詐騙集團來電說：

來電顯示＋886 907＊＊＊220

前金區戶政事務所：「我是前金區戶政人員，妳有委託林麗華拿妳的身分證來辦理戶籍謄本嗎？」

方同學：「沒有。」

前金區戶政事務所：「她人在這裡妳要不要和她講電話？」

方同學：「好啊！」

林麗華：「阿姨，昨天我在妳家吃飯，妳要我來幫妳辦理。妳怎麼忘了？」

方同學：「妳認錯人了，請把電話交給戶政人員。」

＊＊＊這時電話中傳來**ㄧせ！ㄧせ**！林麗華你怎麼走了？＊＊＊

前金區戶政人員：「那個人走了，我請保全追出去，看見有車子在外面接應離開了。」

前金區戶政人員：「我心裡面就在想，妳的戶籍在台北怎麼會來高雄辦戶籍謄本呢？所以感覺很可疑，我已經辦理報案了。」

＊＊＊戶政人員還跟方同學確認身分證號碼以及地址＊＊＊

方同學：「感謝您很謹慎！」

前金區戶政人員：「十分鐘內警察會打電話給妳，請妳保持手機暢通。」

方同學：「再度感謝您的謹慎。」

＊＊＊五分鐘左右過後（很有效率）。來電顯示＋227154820＊＊＊

前金區警察陳建宏：「妳是方○○本人嗎？妳要報什麼案？」

方同學：「請問你是哪一間警察局？地址呢？」

警察：「我是前金區警察局，在中正四路。」

方同學：「我沒有報案。」

警察口氣很兇：「那怎會有人拿妳的證件去戶政事務所辦理？」

方同學：「請問你貴姓大名。」

警察：「我是陳建宏。」

方同學：「我不知道呀！應該是警察要去查吧！」

警察：「妳怎會不知道，什麼事都要警察查，哪有那麼多時間？」

（方同學滿頭問號）

然後沉靜一分鐘，電話掛斷！

方同學的冷靜與機智沒被詐騙集團成員欺騙成功，而詐騙集團所採用的演戲開場白伎倆與品川受騙的開場白稍作更改。惟用來詐騙的林麗華小姐與陳建宏警察的演員名字完全與品川詐騙案裡頭的演員名字相同。

案例三：收到「台灣大哥大」賬戶積分未兌換簡訊

二〇二三年十月十八日品川收到手機簡訊稱：「『台灣大哥大』提示您，您的賬戶當前積分（3122）積分，將於三個工作日內到期，爲避免影響，請及時兌換積分獎賞：https://taiwanmobili-tw.xyz。」品川看了簡訊內容，沒有馬上點入網路連結，下班後立即走進台灣大哥大門市，拿起手機裡頭的簡訊內容請教服務人員，服務人員見簡訊內容馬上跟品川說：「這是詐騙簡訊，我們公司簡訊電話後面三個阿拉伯數字爲188，這個連結千萬別點選進去。」

這時品川看了傳來簡訊的電話號碼＋601128933285，心裡已經知道裡頭藏有貓膩了。這件事過了五天，品川又收到一則簡訊稱：「MyFone提醒您門號上有3122點將於今日到期，請盡快兌換獎品，逾期作廢https://taiwanmobili-tw.info：資訊支援來自：https://www.google.com/。」品川看了一下傳來簡訊的電話號碼＋601128939513，就視若無睹，一點也不理會這類詐騙簡訊。

家圖書館出版品預行編目資料

任「放在」錯誤的對象：揭開詐騙集團
真實手法／謝冠賢. --初版--. --臺北
市：書泉出版社, 2024.01
面；　公分.
BN 978-986-451-357-4（平裝）

CST：詐欺罪 2.CST：犯罪防制
CST：個案研究

5.48　　　　　　　　　　112020202

491F

信任「放在」錯誤的對象：揭開詐騙集團真實手法

作　　者— 謝冠賢
發 行 人— 楊榮川
總 經 理— 楊士清
總 編 輯— 楊秀麗
主　　編— 侯家嵐
責任編輯— 侯家嵐
文字編輯— 陳威儒
封面設計— 姚孝慈
出 版 者— 書泉出版社
地　　址：106台北市大安區和平東路二段339號4樓
電　　話：(02)2705-5066　傳　　真：(02)2706-6100
網　　址：https://www.wunan.com.tw
電子郵件：shuchuan@shuchuan.com.tw
劃撥帳號：01303853
戶　　名：書泉出版社

總 經 銷：貿騰發賣股份有限公司
電　　話：(02)8227-5988　傳　　真：(02)8227-5989
網　　址：www.namode.com

法律顧問　林勝安律師

出版日期　2024年 1 月初版一刷
定　　價　新臺幣380元